DICCIONARIO DE CARTOGRAFÍA

Miquel J. Pavón Besalú

Geógrafo

www.hyparion.com

Dedico este libro
A mi padre.

ÍNDICE

"Per un metre maleït
moltes vegades he patit
per un metre solament
molts dolors de pensament.
...
Per un metre ..., quín suplici,
quántes hores de desfici!
Per un metre ..., quans moments
de bellíssims pensaments."
La Costa Brava del Pirineu
Maladetes (13-10-84).
Joan FORT i OLIVELLA

A

- **Å**: Abreviación de ángstrom.

- **A vista de pájaro**: Tal y como se conoce a la representación perspectiva oblicua de un paisaje, como si fuera vista desde una altura relativamente elevada sobre la superficie de la Tierra, o de cualquier otro cuerpo celeste.

- **Abscisa**: Coordenada correspondiente a la distancia medida sobre el eje de ordenadas (el eje X).

- **ACI**: Abreviación de Asociación Cartográfica Internacional.

- **Acimut**: Ángulo comprendido en un plano horizontal y medido, generalmente, en el sentido de las agujas del reloj formado por la dirección a determinar y una dirección fija que se toma como referencia, habitualmente es el norte. Es la demora de un objeto en notación de 360 grados.

- **Acimut**: Ángulo de una dirección contado en el sentido de las agujas del reloj a partir del norte. El acimut de un punto hacia el este es de 90 grados y hacia el oeste de 270 grados. El término acimut sólo se usa cuando se trata del norte verdadero. Cuando se empieza a contar a partir del norte magnético se suele denominar rumbo o acimut magnético. En geodesia o topografía geodésica el acimut sirve para determinar la orientación de un sistema de triangulación.

- **Acimut astronómico**: Arco de horizonte contado desde el punto cardinal norte o sur hasta la vertical de un astro.

- **Acimut de la cuadrícula**: Ver: Acimut de la red plana.

- **Acimut de la red plana**: Acimut medido desde el norte de una red plana. Sinónimo: acimut de la cuadrícula.

• **Acimut geodésico**: Ángulo diédrico, contado generalmente desde el sur, formado por los semiplanos limitados por la normal al elipsoide en el punto de estación y que contienen, respectivamente, el eje de revolución al elipsoide y la dirección considerada.

• **Acimut geográfico**: Ver: Acimut verdadero.

• **Acimut magnético**: Acimut que se mide, hacia el este o hacia el oeste, a partir del norte magnético. Sinónimo: rumbo.

• **Acimut opuesto**: Directamente opuesto a la dirección del acimut. Una marcación recíproca.

• **Acimut topográfico**: Ver: Acimut verdadero.

• **Acimut verdadero**: Acimut que se mide en el sentido de las agujas del reloj a partir del norte geográfico. Sinónimos: Acimut geográfico y acimut topográfico.

• **Acimut verdadero**: Dirección hacia el polo norte de un meridiano que pasa por un punto de observación determinado. Sinónimos: Declinación; norte geográfico y norte verdadero.

• **Acimutal**: Relativo o que pertenece al acimut.

• **Acotación**: Acción de acotar. Sinónimo: acotamiento.

• **Acotamiento**: Sinónimo: acotación.

• **Acotar**: Poner cotas en un croquis, mapa topográfico, plano o cualquier otro documento cartográfico.

• **Achatamiento**: Disminución de volumen que presenta en los polos un modelo esférico teórico que representa la Tierra.

• **Achatamiento**: Cifra que expresa en forma de quebrado la relación entre la diferencia de los radios ecuatorial y polar y el radio ecuatorial. Si el radio ecuatorial, semieje mayor, es a y el radio polar, semieje menor, es b el achatamiento será $(a-b)/a$. En el esferoide Internacional de Hayford adoptado desde 1924 el achatamiento de la Tierra es 1/297. En el esferoide de Clarke de 1866 es 1/295.

• **Achatada**: Ver: Achatado.

• **Achatado**: Que tiene achatamiento.

• **Acre**: Unidad de superficie británica equivalente a 0,4047 hectáreas = 4047 metros cuadrados. Una hectárea = 2,4711 acres.

• **Adición aislada**: Modificación que se hace en un mapa por los cambios y las variaciones de fenómenos aislados. Sinónimo: Modificación aislada.

• **Adquisición**: Proceso en el que un receptor GPS localiza la fuente de la señal y empieza a recoger datos de los satélites.

• **Aerofotografía**: Ver: Fotografía aérea.

• **Aerografía**: Acción y efecto de aerografiar.

• **Aerografiar**: Pintar o dibujar un mapa o un dibujo con el aerógrafo.

• **Aerógrafo**: Aparato de ilustración que, mediante aire comprimido, polvorea y proyecta líquidos o sólidos en polvo.

• **Aerotriangulación**: Triangulación que se realiza a partir de series de fotografías aéreas verticales. Sinónimos: Fototriangulación, triangulación fotográfica.

• **Afelio**: En la órbita de un planeta es la posición más alejada del Sol. La posición del afelio de la Tierra el día 4 de julio se halla a unos 152 millones de Km. del Sol. La velocidad de la Tierra en su órbita es menor en el afelio. Opuesto a perihelio.

• **Agónico**: Nombre que recibe la superficie terrestre que no tiene declinación magnética.

• **Agrimensor**: Especialista en agrimensura.

• **Agrimensora**: Ver: Agrimensor.

• **Agrimensura**: Parte de la topografía que determina las superficies agrarias y los límites de los terrenos.

• **Alarma de proximidad**: Nos dice cuándo el observador ha penetrado en el círculo de alarma establecido alrededor de un waypoint de proximidad.

• **Alba**: Ver: Amanecer.

• **Aliasing**: Aspecto dentado o escalonado que presentan las líneas y márgenes que aparecen en una representación raster.

• **Alidada**: Aparato que se utiliza para determinar visuales y medir ángulos o trazar sus direcciones. Es una regla provista de dos visores, uno en cada extremo, o (en los modelos más perfeccionados) de un telescopio colocado paralelamente a la regla.

• **Alidada**: Índice de cualquier aparato de topografía graduado. Por ejemplo un sextante.

• **Alidada de plancheta**: Alidada equipada con una regla que permite trazar sobre una plancheta las direcciones de las visuales obtenidas. Nota: Actualmente suele ir provista de un visor estadimétrico.

• **Alindar**: Deslindar. Señalar los lindes de algo. Lindar.

• **Alineación**: Acción y efecto de poner cosas o determinar una línea sobre un terreno mediante una visual, un rayo luminoso o cualquier otro procedimiento.

• **Alinear**: Hacer una alineación.

• **Almanaque**: Información sobre la localización y el estado de salud de los satélites.

• **Altígrafo**: Es un altímetro que registra los datos en función del tiempo transcurrido.

• **Altimetría**: Parte de la topografía que se ocupa de medir alturas. Sinónimo: Hipsometría.

• **Altimetría**: Conjunto de signos que en un mapa representan el relieve de un terreno.

• **Altimétrica**: Ver: Altimétrico. Sinónimo: Hipsométrica.

• **Altimétrico**: Relativo o perteneciente a la altimetría. Sinónimo: Hipsométrico.

• **Altímetro**: Aparato que se utiliza para medir la altitud de un punto con relación a un nivel de referencia que, habitualmente, es el nivel del mar. Nota: Según el sistema en el que esté basado se denomina barométrico, de radar, de ultrasonidos, etc.

• **Altitud**: Altura de un punto del terreno respecto el nivel del mar, expresada habitualmente en metros o pies. Por ejemplo: la cumbre del Everest tiene una altitud de 8.848 metros sobre el nivel del mar.

• **Altitude**: Ver: Altura de antena. También se denomina elevation.

• **Altitudinal**: Relativo o perteneciente a la altitud.

• **Altura**: Ángulo vertical entre el plano horizontal del observador y un punto elevado.

• **Altura absoluta**: Altitud.

• **Altura de antena**: Altura de la antena del GPS sobre el nivel del mar.

• **Altura geodésica**: Como la Tierra no es una esfera perfecta los receptores GPS dejan un margen para estas prominencias con respecto a la superficie teórica de la Tierra.

• **Altura relativa**: Distancia vertical entre la altitud de una superficie del terreno y la altitud de un determinado plano de referencia.

• **Alzado**: Figura resultante de proyectar ortogonalmente un objeto sobre un plano vertical.

• **Alzado de un plano**: Ver: Levantar un plano.

• **Amanecer**: Momento en que, antes de aparecer el Sol, la primera luz del día empieza a esclarecer en el horizonte.

• **Amojonamiento**: Acción y efecto de amojonar.

- **Amojonar**: Marcar los límites de una finca o terreno con mojones o hitos.
- **Ampliación**: Copia que se realiza de un mapa o documento cartográfico original a una escala superior. Nota: La ampliación se puede hacer mediante una cuadrícula de referencia, un pantógrafo o con procedimientos ópticos, fotográficos, digitales, etc. Es un concepto opuesto al de reducción.
- **Anáglifo**: Sistema de visión tridimensional consistente en la superposición de dos imágenes estereoscópicas de colores complementarios, frecuentemente son el rojo y el verde. Ejemplo: Mapa en anáglifo. Nota: Usando unas gafas con filtros de colores complementarios se obtiene la visión en relieve.
- **Anaglifoscopio**: Estereoscopio formado por dos visores con filtros complementarios que se utiliza para mirar un anáglifo.
- **Analema**: Gráfico que indica simultáneamente la declinación solar para cada día del año en una escala vertical y la ecuación del tiempo en una escala horizontal con la indicación de los momentos en los que el Sol va más deprisa que el reloj a la izquierda del eje central y los momentos en que va más despacio a la derecha.
- **Analógica**: Ver: Analógico.
- **Analógico**: Sistema de comunicación o de tratamiento de datos que hace servir modelos en los que las variables son continuas y están representadas mediante una magnitud física. Nota: Es un concepto opuesto a "digital".
- **Anamórfica**: Ver: Anamórfico.
- **Anamórfico**: Relativo o perteneciente a la anamorfosis.
- **Anamorfosis**: Deformación inevitable de una representación planimétrica que se deriva de la proyección cartográfica.
- **Anchura de banda**: Es la gama de frecuencias en una señal GPS. La anchura de banda que contiene los mensajes en código

que pasan de los satélites a los receptores <u>GPS</u> es muy estrecha.

• **Ángstrom**: Unidad de medida de longitud equivalente a 0.0000000001 <u>metros</u>.

• <u>Ángulo</u>: Figura formada por dos líneas rectas que se cortan.

• **Ángulo acimutal:** Es el formado por el meridiano del lugar y el plano vertical del astro u objeto que se observa.

• **Ángulo agudo**: Es un ángulo que mide menos de 90 grados sexagesimales.

• **Ángulo cenital**: Es el formado por la visual con la vertical del punto de observación.

• **Ángulo curvilíneo**: Es la figura formada por dos curvas que se cortan.

• **Ángulo de trama**: Ángulo que forman las líneas de dos tramas en su intersección.

• **Ángulo diedro**: Es la figura formada por dos planos que se cortan.

• **Ángulo esférico**: Es el formado en la superficie de la esfera por dos arcos de círculo máximo.

• **Ángulo horario**: Es el que forma con el meridiano un círculo horario.

• **Ángulo llano**: Es un ángulo que mide exactamente 180 grados sexagesimales.

• **Ángulo obtuso**: Es un ángulo que mide más de 90 grados sexagesimales.

• **Ángulo plano**: Es el formado en una superficie plana.

• **Ángulo recto**: Es un ángulo que mide exactamente 90 grados sexagesimales.

• **Anteojo**: Instrumento de óptica que sirve para determinar visuales a la vez que amplía la imagen observada.

• **Anteojo estadimétrico**: Telescopio con el que van equipados la mayoría de los aparatos topográficos y geodésicos que dispone de un retículo con hilos horizontales destinados a medir las distancias con la ayuda de una mira. Nota: La mayoría de los equipos topográficos están construidos ópticamente de tal forma que la distancia que se observa entre los dos hilos horizontales multiplicada por 100 corresponde a la distancia entre el punto de observación y la mira.

• **Antimeridiano**: Meridiano complementario a un meridiano determinado del que dista 180 grados de longitud. Sinónimo: Meridiano inferior.

• **Antípodas**: Puntos situados en los extremos de un diámetro terrestre, es decir, presentando una diferencia de 180 grados de longitud y estando situado el primero a un número dado de grados de latitud al sur del ecuador y el segundo a un número de grados igual al norte. En la Tierra existe una disposición general de continentes y océanos caracterizado por el hecho de que unos y otros se corresponden antipódicamente con pocas excepciones. Por ejemplo, la Patagonia es antípoda de la China meridional y Nueva Zelanda es antípoda de la Península Ibérica.

• **Anywhere fix**: Ver: Autolocalización.

• **Año**: Medida de tiempo relacionada con la revolución de un astro y en particular de la Tierra alrededor del Sol.

• **Año anómalo**: Tiempo comprendido entre dos pasos consecutivos de la Tierra por su perihelio y que suma 365,25964 días solares.

• **Año bisiesto**: Es el año gregoriano de 366 días.

• **Año celta**: El calendario celta era luni-solar, con meses equivalentes a ciclos lunares y años con cantidades variables de meses, con el fin de ajustar determinados períodos (5 años de 62 meses) a las estaciones.

Ese ajuste consistía en intercalar 2 meses de 30 días en cada lustro, el primero llamado «Mid», y el otro, dos años y medio después, «Ciallos».

En cada siglo, de 30 años, se suprimía un mes intercalar, con lo cual se conseguía una duración media de 365,2 días por año, casi tan ajustado como el nuestro.

El año céltico constaba de 2 semestres, el primero «sombrío» o «de mal tiempo» (noviembre-abril) y el otro «claro» o «de buen tiempo» (mayo-octubre).

El primer mes del año, «Samon[ios]», se iniciaba con la fiesta de «Samhain» o «Trinox Samoni», cuarenta días después del equinoccio de otoño (22 de septiembre), y que más tarde fue cristianizada como fiesta de Todos los Santos.

El primer mes del segundo semestre también empezaba con otra fiesta, el «Árbol de mayo» o las «Flores de mayo», cuarenta días después del equinoccio de primavera (21 de marzo).

Cada mes estaba formado por 2 quincenas, la segunda de las cuales se centraba en la luna nueva o «Atenoux».

Los celtas contaban los días a partir de la puesta del Sol, tal y como dice César en *La Guerra de las Galias* (libro VI: XVIII):

> *"Los galos afirman que son descendientes de Plutón y que eso les ha sido transmitido por los druidas. Por ello todo lo cuentan no según el número de días, sino de noches; los aniversarios de nacimientos y los inicios de los meses y de los años se cuentan como que el día sigue a la noche."*

Según Robert Graves (en *La diosa blanca*), los druidas denominaban los meses según el nombre del árbol que florecía o fructificaba en la época correspondiente.

Para dicho autor, los años de 13 meses tenían la siguiente relación con los árboles:

Mes	Árbol que se le asocia	Nombre científico	Días que comprende
Beth	abedul	Betula pendula	24 diciembre - 20 enero
Luuis	serbal	Sorbus aria	21 enero -17 febrero
Nion	fresno	Fraxinus sp.	18 febrero - 17 marzo
Fearn	aliso	Alnus glutinosa	18 marzo - 14 abril
Saille	sauce	Salix sp.	15 abril - 12 mayo
Vath	espino / peral silvestre	Crataegus sp. / Pyrus sp.	13 mayo - 09 junio
Duir	roble	Quercus robur	10 junio - 07 julio
Tinne	acebo	Ilex aquifolium	08 julio -04 agosto
Coll	avellano	Corylus avellana	05 agosto - 01 septiembre
Muin	viña	Vitis vinifera	02 septiembre - 29 septiembre
Gort	hiedra	Hedera helix	30 septiembre - 27

			octubre
Ngetal	carrizo	Phragmites australis	28 octubre - 24 noviembre
Ruis	saúco	Sambucus nigra	25 noviembre - 22 diciembre

• **Año civil o año del** calendario gregoriano: Es el período de 365 días solares medios de 24 horas. Para compensar el sobrante de 0,2422 días solares cada 4 años hay un año bisiesto con 366 días (un día extra que es el 29 de febrero). Como esto todavía no es correcto el último año de un siglo es bisiesto cuando las dos primeras cifras son divisibles por 4; por ejemplo los años 1600 y 2000 son bisiestos y 1700, 1800 y 1900 no lo son.

• **Año común**: Ver: año civil.

• **Año chino**: El calendario chino es lunisolar. El año chino ordinario consta de 12 lunaciones (doce meses lunares) lo que supone entre 353 y 355 días. Cada cierto tiempo (más o menos, cada tres años) se intercala un año embolismal. Como conocían con gran exactitud la duración de los ciclos lunares y solares, llegaron a la misma conclusión matemática que otras muchas culturas, descubriendo el ciclo de 19 años (ciclo metónico) y considerando años embolismales los años 3º, 6º, 9º, 11º, 17º y 19º del ciclo, pues la norma básica es que el solsticio de invierno debe suceder siempre en el 11º mes del año.

Los chinos medían el año por el retorno del solsticio de invierno, y para ello se valían del gnomon, con el que calibraban la longitud de las sombras a mediodía. Se considera un ciclo de 60 años, dividido en otro menor de 12 años. También hay un ciclo mensual meteorológico, con 24 puntos señalados.

Desde la introducción del budismo en china cada año, además de su número, tiene el nombre de un signo del zodiaco, alternativamente. Los signos del zodiaco chino son: **Shu** (Rata), **Niu** (Búfalo), **Hu** (Tigre), **Mao** (Conejo), **Long** (Dragón), **She** (Serpiente), **Ma** (Caballo), **Xang** (Cabra), **Hou** (Mono), **Ji** (Gallo), **Gou** (Perro) y **Zhu** (Cerdo). El año comienza cuando el sol entra en Piscis, con la primera luna nueva.

Cada mes el Sol entra en una constelación del zodiaco diferente. Si en un mes el Sol no entra en una constelación, ese acaba siendo el mes a intercalar. Se llama con el nombre del mes anterior antecedido del prefijo "shun-". Los meses se agrupan en tres grupos: **meng** (primero), **Zhong** (medio) y **Ji** (último); y en cuatro estaciones, **Chun** (primavera), **Xia** (verano), **Qiu** (otoño) y **Dong** (invierno). El nombre de los meses se forma combinado sendos conceptos, por ejemplo "ki-tsin" es el último mes del otoño. Los meses también se pueden denominar como los años.

Los meses chinos están compuestos por tres semanas de 10 días cada una. El grupo de los primeros 10 días del mes recibe el nombre de **tschu**.

Los días del mes se cuentan por sus ordinales. El día comienza a media noche y se divide en 12 **schis**. Cada **schi** consta de dos horas, la primera hora se llama **schi-kjao** y la segunda **schi-tssching**. Cada **schi** se divide en ocho **ko** (cuartos de hora), el **ko** tiene 15 **feus**, por lo que un **feu** equivale a un minuto. Una hora se llama **tschuco**, un **jiko** es un cuarto de hora.

• **Año embolismal**: Es un año con 13 meses lunares. Tiene entre 383 y 385 días.

• **Año gregoriano**: El calendario gregoriano es un calendario originario de Europa, actualmente utilizado de manera oficial en la mayoría de los países. Así denominado por ser su promotor el Papa Gregorio XIII, vino a sustituir en 1582 al calendario juliano, utilizado desde que Julio César lo instaurase en el año 46 a.C.

En el I Concilio de Nicea se determinó que se conmemorase la Pascua el domingo siguiente al plenilunio posterior al equinoccio de primavera (en el hemisferio norte; equinoccio de otoño en el hemisferio sur). Aquel año 325 el equinoccio había ocurrido el día 21 de marzo, pero con el paso del tiempo la fecha del evento se había ido adelantando hasta el punto de que en 1582, el desfase era ya de 10 días, y el equinoccio se fechó en 11 de marzo.

El desfase provenía de un inexacto cómputo del número de días con que cuenta el año trópico; según el calendario juliano que instituyó un año bisiesto cada cuatro, consideraba que el año trópico estaba constituido por 365,25 días, mientras que la cifra correcta es de 365,242189, o lo que es lo mismo, 365 días, 5 horas, 48 minutos y 45,16 segundos. Esos más de 11 minutos contados adicionalmente a cada año habían supuesto en los 1257 años que mediaban entre 325 y 1582 un error acumulado de aproximadamente 10 días.

El calendario gregoriano atrasa cerca de 1/2 minuto cada año (aproximadamente 26 segundos cada año), lo que significa que se requiere el ajuste de un día cada 3300 años. Esta diferencia procede de hecho que la traslación de la Tierra alrededor del Sol no coincide con una cantidad exacta de días de rotación de la Tierra alrededor de su eje. Cuando el centro de la Tierra ha recorrido una vuelta completa en torno al Sol y ha regresado a exactamente el mismo punto en que se encontraba "hace un año" se han completado 365 días y un poco menos de un cuarto de día (0,242189074 para ser más exactos). Para hacer coincidir el año con un número entero de días se requieren ajustes periódicos cada cierta cantidad de años. De la regla general del bisiesto cada cuatro años, se exceptuaban los años múltiplos de 100, excepción que a su vez tenía otra excepción, la de los años múltiplos de 400, que sí eran bisiestos. La nueva norma de los años bisiestos se formuló del siguiente modo: La duración básica del año es de 365 días; pero serán bisiestos aquellos años cuyas dos últimas cifras son divisibles por 4, exceptuando los años que expresan el número exacto del siglo (100, 200..., 800..., 1800, 1900, 2000...), de los que se exceptúan a su vez aquellos cuyo número de siglo sea divisible por 4. El calendario gregoriano ajusta a 365,2425 días la duración del año, lo que deja una diferencia de 0,000300926 días o 26 segundos al año de error. Ver: año civil.

• **Año hebraico**: El calendario hebreo es un calendario lunisolar, es decir, que se basa tanto en el ciclo de la Tierra alrededor del Sol (año), como en el de la Luna al rodear a la Tierra (mes). La versión actual, por la que se rigen las festividades judías, fue concluida por el sabio Hilel II hacia el año 359. Este calendario se basa en un complejo algoritmo, que permite predecir las fechas exactas de Luna nueva, así como las distintas estaciones del año, basándose en cálculos matemáticos y astronómicos, prescindiendo desde aquel momento de las observaciones empíricas de que se valieron hasta entonces.

En su concepción compleja tanto solar como lunar, el calendario hebreo se asemeja al chino, sin que se sepa de influencia alguna que haya tenido el uno sobre el otro; y también al calendario utilizado por los pueblos de la península arábiga hasta la aparición del Islam, en el siglo VII de la Era cristiana. En cambio, se distingue del calendario gregoriano de amplio uso universal, basado exclusivamente en el ciclo solar-anual; y también del que rige al mundo musulmán desde Mahoma hasta nuestros días, que es puramente lunar. El calendario hebreo comienza con la Génesis del mundo, que aconteció, según la tradición judía, el día domingo 7 de octubre del año 3761 a.C.; fecha equivalente al 1 del mes de Tishrei del año 1. Para convertir un año del calendario gregoriano a su correspondiente hebreo, basta con sumar o restar la cifra de 3761.

• **Año juliano**: El calendario juliano es el antecesor del calendario gregoriano, basándose en el movimiento del Sol para medir el tiempo.

El calendario tenía 304 días distribuidos en 10 meses (6 meses de 30 días y 4 de 31 días). Pero éste tenía desfases de tiempo y los pontífices paganos lo reajustaban anualmente en el último mes. Los reajustes se hacían con criterios políticos, pero no astronómicos, como determinar el día de pagar a la servidumbre, y se hacía mal uso del reajuste, para prorrogar cargo de un funcionario, adelantar o retrasar votaciones. El año empezaba en marzo (martius), del dios de la guerra, Marte, que era el primer mes de primavera. Los meses iban desde martius hasta februarius en este orden: **Januarius** mes del dios Jano, **Februaris** mes de las purificaciones (februa), **Martius** mes del dios Marte, **Aprilis** de origen desconocido, **Maius** mes del dios de la abundancia, **Iunius** mes de la diosa Juno, **Iulius** en honor a Julio César, **Augustus** en honor al emperador Octavio Augusto, **Septembris** séptimo mes,

Octobris octavo mes, **Novembris** noveno mes y **Decembris** décimo mes.

Los reajustes no evitaron el desfase de tiempo y sucedió que el invierno fuera fechado en el otoño astronómico. Julio César terminó con el desfase ordenando una reforma en el calendario romano.

Sosígenes de Alejandría tenía conocimiento de la fallida reforma de Cánope, sucedida dos siglos atrás, y colaboró con Julio César para adoptar esa vieja reforma al calendario romano e implantarla como un nuevo calendario. Esta adaptación fechaba las estaciones y sus fiestas romanas correspondientes concordando con el momento astronómico en el que sucedían. El nuevo calendario se implantó en el año 46 a. C. con el nombre de Julius y mucho después de juliano, en honor a Julio César. Únicamente en ese año, se contaron 445 días, en vez de los 365 normales, para corregir los desfases del calendario anterior, y se le llamó año de la confusión. Para ello, se agregaron dos meses, entre noviembre y diciembre, uno de 33 días y otro de 34, además del mes intercalado en febrero.

Desde 44 a. C. se acordó que todos los años constaran de 365 días, y cada cuatro años se contarían 366 y se llamaran años bisiestos, porque se fechaban dos días consecutivos como 23 de febrero (último día del calendario romano en ese momento). En aquella época ese 23 de febrero se llamaba sexto calendas martii y cuando era año bisiesto, el día adicional (366), se le llamaba bis-sexto calendas, de allí el nombre de bisiesto.

Por lo anterior, el calendario juliano consideraba que el año trópico estaba constituido por 365,25 días, mientras que la cifra correcta es de 365,242189. Esos más de 11 minutos contados adicionalmente a cada año habían supuesto en los 1257 años que mediaban entre 325 y 1582, un error acumulado de aproximadamente 10 días, por lo cual se instauró el calendario gregoriano.

• **Año secular**: Es el año gregoriano terminado en "00" o es múltiplo de 100.

• **Año maya**: El calendario maya consiste de dos diferentes cuentas de tiempo que transcurren simultáneamente: el Sagrado, **Tzolkin** o **Bucxok** de 260 días, el Civil, **Haab** de 365 días y la **Cuenta Larga**. El calendario maya es cíclico, porque se repite cada 52 años mayas. En la Cuenta Larga, el tiempo de cómputo comienza el 0.0.0.0.0 4 ahau 8 cumkú, es decir, el 13 de agosto del 3114 a.C. Y según las supuestas profecías mayas y particularmente la séptima indica que la fecha 13.0.0.0.0 4 ahau 3 kankin, es decir, el 23 de diciembre de 2012 d.C dará lugar a un ciclo nuevo.

Un calendario de 260 días tzolkin tiene 20 días (kines) combinados con trece numerales (guarismos). El Tzolkín se combinaba con el calendario Habb de 365 días (kines) de 18 meses (uinales) de 20 días (kines) cada uno y cinco días adicionales Uayeb, para formar un ciclo sincronizado que duraba 52 tunes o Haabs, 18,980 kines (días). La Cuenta Larga era utilizada para distinguir cuando ocurrió un evento con respecto a otro evento del tzolkín y haab. El sistema es básicamente un sistema vigesimal (base 20), y cada unidad representaba un múltiplo de 20, dependiendo de su posición de derecha a izquierda en el número. Con la importante excepción de la segunda posición, que representaba 18 x 20, ó 360 días.

Algunas inscripciones mayas de la Cuenta Larga están suplementadas por lo que se llama Serie Lunar, otra forma del calendario que provee información de la fase lunar.

• **Año sidéreo**: Tiempo que tarda la Tierra en hacer una revolución completa de su órbita con referencia a las estrellas. Son 365,2564 días solares medios o 365 días, 6 horas, 9 minutos y 9,54 segundos.

• **Año tropical**: Promedio de tiempo que la Tierra tarda en hacer una revolución completa de su órbita con relación al equinoccio de primavera indicado por el primer punto de Aries (ver ascensión recta). En la actualidad es de 365,2422 días solares o 365 días, 5 horas, 48 minutos y 45,51 segundos. Disminuye unos 5 segundos cada milenio. Es también conocido como año equinoccial, año astronómico, año natural o año solar.

• **Año-luz**: Distancia que recorre la luz durante un año a la velocidad de la luz que es aproximadamente unos 300.000 Km. por segundo, es decir, unos 9.461.000.000.000 Km. Es una unidad de medida utilizada en astronomía. Por ejemplo, la estrella más cercana a nuestro sistema solar está a unos 4,29 años-luz de la Tierra.

• **Apogeo**: Punto en la órbita de un planeta situado a la distancia máxima de la Tierra. Opuesto a perigeo. Este término tenía relevancia cuando se creía que la Tierra era el centro del universo. Actualmente se usa refiriéndose específicamente a la Luna. El apogeo de la Luna es de 407.000 Km.

• **Apogeo**: Altitud meridional del Sol en el día más largo del año cuando alcanza su máxima altitud a mediodía.

• **Ápside**: Cada uno de los extremos del eje mayor de la elipse que un planeta describe alrededor del Sol. El extremo más cercano al Sol recibe el nombre de perihelio y el más alejado afelio. La línea de los ápsides es el eje mayor de la elipse descrita por un planeta alrededor del Sol que une el afelio con el perihelio. Los tiempos del perihelio y del afelio se retrasan de manera progresiva aproximadamente 1,25 segundos al año.

• **Árbol de conexiones**: Ver: Dendrograma.

• **Archivador de planos**: Mueble diseñado especialmente para guardar planos.

• **Archivo cartográfico**: Archivo dedicado a la colección y conservación de mapas y otros documentos cartográficos. Nota: En un sentido más restrictivo, este término designa las dependencias que se dedican a la conservación de mapas originales y manuscritos.

• **Arco de meridiano**: Medición geodésica a lo largo de un meridiano realizada para determinar cuidadosamente la forma y el tamaño de la Tierra y especialmente en lo que hace referencia a su achatamiento. Las primeras mediciones fueron efectuadas por los franceses en sus expediciones al Perú entre 1735-43 y por los suecos entre 1736-37.

• **Área**: Unidad de superficie equivalente a 100 metros cuadrados.

• **Área**: Extensión de una superficie medida en unidades cuadradas.

SISTEMA MÉTRICO	SISTEMA BRITÁNICO
1 kilómetro cuadrado	0,386103 millas cuadradas
2,58998 kilómetros cuadrados	1 milla cuadrada
1 hectárea (10000 metros cuadrados)	2,47106 acres

0,40468 hectáreas	1 acre
1 metro cuadrado	1,19599 yardas cuadradas
0,83613 metros cuadrados	1 yarda cuadrada

• **Ascensión recta**: Una de las dos referencias (la otra es la declinación) que permite localizar un astro con exactitud en la esfera celeste. Existen tablas en las que puede encontrarse la declinación y la ascensión recta de todos los astros. Las líneas de ascensión recta, denominadas círculos horarios, pasan a través de los polos celestes y cortan el ecuador celeste y todos los paralelos de declinación en ángulo recto. La ascensión recta se cuenta hacia el este a partir del punto del equinoccio de primavera en el ecuador celeste, conocido como el primer punto de Aries, equivalente a los 0 grados del meridiano de Greenwich. Se denomina así porque, cuando se eligió este punto hace 2000 años, estaba situado en la constelación de Aries. Desde entonces este punto se ha desplazado a lo largo del ecuador celeste (ver precesión de los equinoccios) hacia la constelación siguiente (la de Piscis) aunque todavía se denomina primer punto de Aries. La ascensión recta es, por lo tanto, el arco del ecuador celeste interceptado entre el primer punto de Aries y el círculo horario que pasa por un astro cualquiera. Se mide en unidades de tiempo en dirección este y va desde las 0 a las 24.

• **Asociación Cartográfica Internacional**: Asociación internacional que agrupa las asociaciones estatales de cartografía para la promoción y cooperación cartográficas. Abreviadamente: ACI.

• **Astrolabio**: Instrumento portátil que se usaba para medir la altura de los astros y cuerpos celestes. Nota: Durante la Edad Media fue utilizado por los navegantes para calcular la latitud observando la traslación del Sol a través del meridiano al mediodía.

• **Atlas**: Colección sistemática de mapas o cualquier otro documento cartográfico. Algunos países han elaborado su atlas nacional.

• **Atlas celeste**: Atlas que representa la posición de los astros en la esfera celeste.

• **Atlas de la Luna**: Atlas que representa la superficie de la Luna.

• **Atlas de Marte**: Atlas que representa la superficie de Marte.

• **Atlas escolar**: Atlas elaborado y preparado para el uso escolar.

• **Atlas general:** Atlas formado únicamente por mapas generales sin mapas temáticos.

• **Atlas geográfico**: Atlas general o temático de variables de carácter geográfico que constituye una información de conjunto sobre el mundo o sobre una región determinada.

• **Atlas histórico**: Atlas temático que representa situaciones, fenómenos y hechos históricos. Nota: A menudo se utiliza erróneamente como concepto opuesto a "atlas geográfico".

• **Atlas internacional:** Atlas que respeta la toponimia original de cada país representado cartográficamente. Nota: La internacionalización toponímica se efectúa con la ayuda de la transcripción y la transliteración en los casos de idiomas no latinos.

• **Atlas local**: Atlas que representa superficies geográficas de poca extensión.

• **Atlas metódico**: Atlas elaborado con finalidades didácticas.

• **Atlas mundial:** Atlas en el que la información cubre toda la superficie terrestre. Sinónimos complementarios: atlas del mundo; atlas universal.

• **Atlas nacional**: Atlas general y temático que representa los principales aspectos geográficos de una nación o de un estado. Nota: Frecuentemente los atlas nacionales constituyen grandes obras de carácter oficial.

• **Atlas náutico**: Atlas formado por un conjunto de cartas náuticas.

• **Atlas oceanográfico**: Atlas que representa los fenómenos propios de los mares y los océanos.

• **Atlas político**: Atlas que muestra de forma destacada las divisiones políticas y administrativas de los territorios representados.

• **Atlas regional**: Atlas que representa un país o un espacio de límites geográficos predeterminados desde el punto de vista de la geografía física o humana.

• **Atlas temático**: Atlas formado predominantemente por mapas temáticos.

• **Atlas topográfico**: Atlas formado predominantemente por mapas generales, normalmente, de gran escala.

• **Atlas universal**: Ver: atlas mundial.

• **Auto Mag**: Ajuste automático de la variación magnética hecho por un GPS de modo que da los rumbos y demoras magnéticas a menos que se le especifique lo contrario.

• **Autolocalización**: Es la capacidad de un receptor GPS para empezar a calcular la posición sin que le den la latitud y longitud aproximadas calificada normalmente en términos de tiempo.

• **Azimut**: Ver: Acimut.

B

• **Ballestina**: Instrumento que se empezó a utilizar por los pilotos en el siglo XVI para tomar la altura de la estrella polar. Su uso se mantuvo hasta el siglo XVIII y estaba constituido por diferentes reglas graduadas.

• **B+N**: Ver: Blanco y negro.

• **Banco de datos**: Sistema de almacenamiento de datos en una computadora lo que permite archivar datos que pueden ser cartografiados ya sea en forma de líneas o de puntos. El banco de datos es una de las partes integrantes de los procesos de la cartografía automatizada.

• **Banda de infrarrojo**: Ver: Infrarrojo.

• **Banda de microondas**: Banda espectral que comprende longitudes de onda entre 1 milímetro y 1 metro, aproximadamente.

• **Banda de vapor**: Banda espectral en la que destacan las formaciones de nubes con frecuencias comprendidas entre 5.5 y 7 micrómetros, aproximadamente.

• **Banda de vuelo fotogramétrico**: Ver: Pasada de vuelo fotogramétrico.

• **Banda del ultravioleta**: Ver: Ultravioleta.

• **Banda espectral**: Intervalo de determinadas longitudes de onda del espectro electromagnético.

• **Banda térmica**: Banda espectral que comprende las longitudes de onda del infrarrojo que se transmiten a través de una ventana atmosférica de 8 a 14 micrómetros, aproximadamente. Nota: Ocasionalmente se utiliza también para la ventana de 3 a 6 micrómetros.

• **Banda visible**: Banda espectral que corresponde a la visión humana con longitudes de onda comprendidas entre 0,3 y 0,7 micrómetros, aproximadamente.

• **Banderola**: Palo que se utiliza para señalar puntos de un terreno en los trabajos de levantamiento topográfico.

• **Banderola**: Ver: Cartela.

• **Barra de paralaje**: Aparato utilizado para medir las diferencias de paralaje de un par estereoscópico de fotografías y deducir la altitud de puntos del territorio representados en el par.

• **Barrido**: Recubrimiento territorial de algunos sensores que consiste en captar de forma secuencial en pequeñas áreas la radiación electromagnética de una banda del espectro.

• **Basculación**: Ángulo que, en una fotografía aérea, forma el eje óptico de la cámara fotográfica con la vertical.

• **Base de triangulación**: Línea medida con gran precisión sobre la superficie terrestre que sirve de punto de partida y de referencia de una red de triangulación. Desde sus extremos se proyecta una red de triángulos mediante la medición de ángulos. Se trata de una técnica de trabajo fundamental en la topografía. Cada red de triangulación se desarrolla a partir de una base distinta por lo que en algunos países existen distintas bases. Estas se miden con todos los medios que se requiera para alcanzar la mayor precisión posible.

• **Base fotográfica**: Distancia existente entre los puntos principales y los puntos conjugados de dos fotografías aéreas que forman un par fotogramétrico. Sinónimo: línea de base.

• **Batímetro**: Instrumento para medir las profundidades marinas.

• **Batimetría**: Técnica que se ocupa del estudio y la

determinación de las profundidades marinas debajo del nivel de las aguas.

• **Batimétrica**: Ver: Batimétrico.

• **Batimétrico**: Relativo o perteneciente a la batimetría.

• **Berri**: Unidad de longitud turca equivalente a 1670 metros aproximadamente.

• **Bibliografía cartográfica**: Relación sistemática de mapas de una región, un tema o un autor, descritos de forma que sean fácilmente identificables.

• **Bigotera**: Compás especialmente diseñado para trazar circunferencias de pequeño diámetro.

• **Bitácora**: Apoyo para la brújula utilizada para gobernar una embarcación y normalmente dispone de soportes que ayudan a mantener la brújula a nivel.

• **Blanco y negro**: Documento gráfico (fotografía, imagen de sensor remoto, etc) que se presenta en negro o valores de gris sobre un papel blanco. Abreviadamente: B+N.

• **Bloque diagrama**: Representación gráfica en perspectiva de un territorio realizada a partir de mapas o fotografías para ofrecer una impresión tridimensional. Nota: Estos tipos de representación se usan a menudo en geología y en geomorfología para mostrar las relaciones entre las formas externas y la estructura interna de la Tierra.

• **Braza**: Unidad de longitud usada en náutica para medir la profundidad. Una braza en España equivale a 1,67 metros. En las cartas marinas británicas una braza equivale a 6 pies = 1,80 metros aproximadamente.

• **Brazo telescópico**: Instrumento acoplado a un camión o cualquier otro vehículo terrestre que sirve para levantar algunos metros de altura un sensor remoto. Nota: Se utiliza especialmente de forma experimental.

• **Brújula**: Instrumento de orientación consistente en una aguja imantada que gira libremente y señala el norte magnético. Sirve para hallar una dirección con respecto al norte magnético.

• **Brújula de bolsillo**: Brújula portátil y sencilla que puede ir equipada con una alidada para facilitar la lectura de los ángulos.

• **Buscar una posición**: Dirigir visuales para determinar una posición.

C

• **C/A**: El C/A es el código civil estándar de los GPS. Las señales recibidas por el satélite son codificadas y convertidas en una posición con un pequeño grado de error.

• **Cable**: Décima parte de una milla marina.

• **CAD**: Ver: Diseño asistido por ordenador.

• **Cadena**: Unidad de longitud igual a 66 pies.

• **Cadena de agrimensor**: Instrumento para medir terrenos consistente en una cadena de 10 ó 20 metros de longitud formada por tramos de hierro unidos con anillas.

• **Caja negra**: Es el recuadro alrededor del número de información de un satélite que indica que la señal es o será débil.

• **Cajetín**: Espacio situado en los márgenes del plano o de un mapa en el que se indica el nombre del documento, la escala, la fecha y otras referencias básicas.

• **Calcar**: Copiar, total o parcialmente, un mapa o dibujo originales aplicando una hoja de material translúcido o transparente por encima del original y reseguir los trazos con un lápiz de tal forma que el dibujo original quede marcado sobre la hoja superior.

• **Calco**: Copia a la misma escala de un mapa o dibujo original del que se obtiene una determinada información.

• **Calco cartográfico**: Reproducción de un mapa o dibujo presentado en material translúcido o transparente que se superpone a un mapa o dibujo original y que da información de temas concretos, tales como la división territorial de un país, la red hidrográfica, etc.

- **Calidad geométrica**: Es otro término para designar la degradación geométrica de precisión.
- **Cámara clara**: Aparato óptico que permite superponer dos imágenes por lo que podremos comparar fotografías aéreas y mapas a partir de fotografías aéreas, copiar mapas modificando la escala, esbozar perspectivas, etc. Sinónimo: Transformador aerofotográfico.
- **Cámara fotogramétrica**: Cámara fotográfica diseñada especialmente para realizar fotografías destinadas a la restitución fotogramétrica.
- **Cambio de escala**: Modificación de un mapa o plano ampliando o reduciendo su escala, básicamente, por medios gráficos, mecánicos, ópticos o fotográficos.
- **Cambio de escala**: Conjunto de alteraciones constantes de la escala en un mapa, una aerografía o cualquier otro documento cartográfico que son debidas, básicamente, a la proyección cartográfica o a la perspectiva fotográfica.
- **Campo de visión instantánea**: Cada una de las áreas de un territorio captadas secuencialmente en un barrido de un sensor remoto. Abreviadamente: IFOV.
- **Campo del mapa**: Parte de un mapa ocupado por la representación cartográfica.
- **Cana**: Unidad de longitud antigua de Catalunya equivalente a 1,555 metros aproximadamente.
- **Canevás**: Red de líneas que sirve de pauta de referencia en el trazado de croquis, dibujos o gráficos.
- **Cantograma**: Bloque diagrama que representa las rupturas de la pendiente de un terreno.
- **Captura**: Es cuando un satélite mantiene contacto con un cierto número de satélites y puede actualizar su posición continuamente. Se dice entonces que los tiene capturados.

- **Carta**: <u>Mapa</u> realizado especialmente para la navegación marítima, fluvial o aérea y, a veces, terrestre. Nota: Frecuentemente se denomina "carta" al mapa que se utiliza para representar el tiempo atmosférico.

- **Carta aeronáutica**: Carta de interés especial para el tránsito aéreo que representa los accidentes de un terreno y los elementos humanos de un territorio.

- **Carta celeste**: Carta que representa los astros hasta una determinada magnitud de un sector limitado de la esfera celeste.

- **Carta de arrumbamiento**: Carta náutica de escala generalmente inferior a 1:200000 destinada a la navegación relativamente próxima a la costa.

- **Carta de colores**: Tabla con muestras de colores codificados y ordenados según una graduación de tonos y matices.

- **Carta de navegación**: Cualquier carta destinada a la navegación fluvial, marítima o aérea.

- **Carta de navegación costera**: Carta náutica normalmente de escala comprendida entre 1:40000 y 1:250000 destinada a la navegación cercana a la costa.

- **Carta de prácticos de puerto**: Carta náutica de escala próxima a 1:25000 destinada a facilitar el acercamiento y la maniobra de las embarcaciones a los puertos.

- **Carta del tiempo**: Ver: <u>mapa del tiempo</u>.

- **Carta general**: Carta náutica de escala comprendida entre 1:3000000 y 1:30000000.

- **Carta gnomónica**: Carta náutica basada en la proyección gnomónica útil para marcar trayectorias mediante líneas rectas.

- **Carta mercatoriana**: Carta náutica, derivada de la proyección de Mercator, que se utiliza para la navegación costera y para el cálculo de la línea de rumbo.

• **Carta náutica**: Carta, destinada a la navegación marítima, que representa los accidentes de la costa y del fondo marino dando información de las señales auxiliares para la navegación.

• **Cartabón**: Instrumento de madera, metal o de plástico con forma de triángulo rectángulo y tiene ángulos de 30 y 60 grados que sirve para trazar líneas paralelas, ángulos rectos (de 90 grados), de 30 grados o cualquier otro ángulo múltiplo de éste.

• **Cartela**: Modificación puntual del marco de un mapa para insertar un fragmento o un apéndice del territorio representado.

• **Cartodiagrama**: Mapa temático que utiliza diagramas como símbolos. Sinónimo: Mapa diagramático.

• **Cartodiagrama de posición**: Cartodiagrama en el que los diagramas tienen una posición puntual precisa o muy aproximada.

• **Cartodiagrama de superficie**: Cartodiagrama en el que los diagramas se sitúan en el centro aproximado de la unidad territorial correspondiente.

• **Cartodiagrama de vectores**: Cartodiagrama en el que se emplean signos vectoriales para expresar la importancia y la dirección de los flujos.

• **Cartógrafa**: Ver: Cartógrafo.

• **Cartografía**: Conjunto de estudios y de operaciones científicas, artísticas y técnicas que intervienen en la elaboración o en el análisis de mapas, planos, cartas, perfiles, modelos tridimensionales o globos que representan la Tierra, o parte de la Tierra o cualquier cuerpo celeste a una determinada escala.

- **Cartografía**: Ver: <u>Mapa</u>.
- **Cartografía analógica**: Parte de la cartografía que se ocupa del tratamiento y la representación de los datos por medio de una magnitud física que varía según el valor de los datos. Nota: Es un concepto opuesto a "<u>cartografía digital</u>".
- **Cartografía asistida por ordenador:** Conjunto de procesos relativos al tratamiento de datos para la elaboración de mapas y gráficos mediante sistemas informáticos. Sinónimo complementario: cartografía automática.
- *Cartografía automática*: Ver: cartografía asistida por ordenador.
- **Cartografía catastral**: Parte de la cartografía que se ocupa de la representación de las fincas y las haciendas en un mapa o plano.
- **Cartografía de atlas**: Parte de la cartografía que se ocupa de la elaboración y del análisis de los atlas.
- **Cartografía del cielo**: Ver: cartografía espacial.
- **Cartografía digital**: Parte de la cartografía que se ocupa del tratamiento y la representación de datos mediante números o caracteres de un repertorio finito. Nota: Es un concepto opuesto al de "<u>cartografía analógica</u>".
- **Cartografía espacial**: Parte de la cartografía que se ocupa de la representación de los cuerpos celestes y de su distribución en el espacio. Sinónimo comparado: cartografía del cielo.
- **Cartografía general**: Parte de la cartografía que se ocupa de la preparación y de la elaboración de mapas generales.
- **Cartografía matemática**: Parte de la cartografía que se ocupa de los estudios y de las operaciones matemáticas que intervienen en la elaboración de un mapa aplicado muy especialmente a las proyecciones cartográficas.

• **Cartografía militar**: Parte de la cartografía que se ocupa de la preparación y de la elaboración de mapas y planos con finalidades militares.

• **Cartografía militar**: Conjunto de documentos cartográficos elaborados por organismos militares.

• **Cartografía minera**: Parte de la cartografía que se ocupa de la representación de las minas y regiones mineras de un mapa o plano.

• **Cartografía oficial**: Conjunto de documentos cartográficos elaborados por centros cartográficos gubernamentales.

• **Cartografía oficial**: Parte de la cartografía que hace referencia a la elaboración de documentos cartográficos por parte de las instituciones públicas especializadas.

• **Cartografía práctica**: Parte de la cartografía que se ocupa de los procesos necesarios para la elaboración y la reproducción de mapas.

• **Cartografía temática**: Parte de la cartografía que se ocupa de la preparación y de la elaboración de mapas temáticos.

• **Cartografía teórica**: Parte de la cartografía que se ocupa de los métodos de preparación de los datos y de su representación cartográfica.

• **Cartografía topográfica**: Parte de la cartografía que se ocupa de la elaboración, la redacción y la impresión de mapas topográficos.

• **Cartografía urbana**: Parte de la cartografía que se ocupa de la representación de las áreas urbanas.

• **Cartografiar**: Elaborar mapas, planos o cartas.

• **Cartográfica**: Ver: Cartográfico.

• **Cartográfico**: Relativo o perteneciente a la cartografía.

• **Cartógrafo**: Especialista en cartografía que trabaja en la preparación y elaboración de documentos cartográficos.

- **Cartograma**: Mapa temático que representa fenómenos geográficos mensurables estadísticamente y presentados, en general, mediante figuras proporcionales localizadas en un fondo cartográfico adecuado.
- **Cartograma**: Mapa temático en el que no hay correspondencia matemática entre las posiciones cartográficas y las localizaciones reales en el espacio.
- **Cartología**: Parte de la cartografía que se ocupa de la medición y del cálculo de las distancias y de otros parámetros realizados sobre los mapas topográficos con la ayuda de la escala.
- **Cartoteca**: Colección de mapas clasificados por temas.
- **Cartoteca**: Lugar para guardar y consultar mapas.
- **Cartotecaria**: Ver: Cartotecario.
- **Cartotecario**: Persona encargada de cuidar y administrar una cartoteca.
- **Catastral**: Relativo o perteneciente al catastro.
- **Catastro**: Documentación escrita y cartográfica que determina y cuantifica la propiedad de la tierra con finalidades jurídicas, estadísticas, administrativas y fiscales.
- **CCT**: Ver: Cinta de imagen de satélite.
- **CDI**: Abreviatura de: Indicador de Desvío de Rumbo. El CDI proporciona información sobre el desvío transversal de rumbo de forma gráfica.
- **Cenit**: Punto del hemisferio celeste situado verticalmente sobre el observador. Nota: Es un concepto opuesto al de 'nadir'.
- **Cenit geodésico**: Punto de intersección del hemisferio celeste situado sobre un observador con la recta que es normal a la superficie de la superficie del elipsoide terrestre en el punto donde se encuentra el observador.

• **Cenital**: Relativo o perteneciente al cenit.

• **Centiárea**: Unidad de superficie equivalente al metro cuadrado.

• **Centímetro**: Unidad de medida de longitud del Sistema Métrico Decimal. 1 centímetro = 0,01 metros = 0,3937 pulgadas. Abreviadamente: cm.

• **Centrografía**: Término empleado para indicar la determinación de los centros de distribución de cualquier fenómeno y su representación cartográfica.

• **Centrograma**: Diagrama en el que se representan de forma gráfica las tendencias regionales en la distribución de la población. Se señalan en un mapa un cierto número de puntos que coincidan tanto como sea posible con los sucesivos centros de gravedad o con las medias de la población de un país determinado según aparecen en los censos sucesivos. Estos puntos se unen después con una línea que refleja la tendencia del centro de gravedad o de la media a medida que varía con el tiempo.

• **Ceros a la izquierda**: Ceros colocados, por ejemplo, delante de una cifra para evitar confundir a una máquina que no esté programada para aceptar espacios en blanco.

• **Cifra**: Carácter simple que representa un entero. Sinónimo: Dígito.

• **Cinta de imagen de satélite**: Soporte magnético en forma de cinta compatible con el ordenador que contiene datos digitales aptos para restituir una imagen captada con escáner por un satélite. Abreviadamente: CCT.

• **Cinta métrica**: Instrumento utilizado para medir que consiste en una cinta graduada y enrollable de acero o de plástico con hilos de cobre o de nylon. Nota: Las cintas métricas más usuales tienen longitudes de 1, 2, 3, 5, 10, 25 y 50 metros.

• **Círculo dividido**: Diagrama que consiste en un círculo dividido en sectores cada uno de los cuales es proporcional en tamaño al valor que representa. Las divisiones pueden rotularse y colorearse de forma distinta.

• **Círculo máximo**: Ver: Circunferencia máxima.

• **Círculo menor**: Ver: Circunferencia menor.

• **Circunferencia máxima**: Circunferencia sobre una superficie esférica determinada por un plano que pasa por el centro de la esfera. Nota: Si consideramos la Tierra esférica, el camino más corto entre dos puntos de la superficie terrestre siempre es un arco de circunferencia máxima. Sólo en los mapas de proyección gnomónica este camino queda representado por un segmento de línea recta. Todos los meridianos y el ecuador constituyen circunferencias máximas. Impropiamente se le denomina círculo máximo.

• **Circunferencia menor**: Circunferencia sobre una superficie esférica determinada por un plano que no pasa por el centro de la esfera. Nota: Si consideramos la Tierra esférica todos los paralelos, excepto el ecuador, son circunferencias menores. Impropiamente se denomina círculo menor.

• **Circunferencia meridiana**: Cualquiera de las líneas de longitud que unen el polo norte y el polo sur cortando al ecuador en ángulos rectos. Sinónimo: Meridiano. Nota: Los meridianos se numeran de 0 a 180 grados hacia el este o el oeste a partir del meridiano inicial.

• **Circunferencia meridiana**: Circunferencia máxima constituida por un meridiano y su antimeridiano.

• **Circunferencia terrestre**: Longitud de un círculo máximo de la Tierra. En el ecuador tiene 40076,592 kilómetros de longitud. La meridiana tiene una longitud de 40009,152 kilómetros.

• **Climatograma**: Gráfico circular utilizado para mostrar las temperaturas estacionales. Se señalan las temperaturas medias mensuales a partir del centro con la ayuda de una tabla graduada.

• **Climograma**: Diagrama que representa variables climáticas con el objeto de definir tipologías. Nota: También se utiliza este término para designar el diagrama cartesiano consistente en una poligonal cerrada en que los vértices quedan definidos por las temperaturas y las precipitaciones medias mensuales.

• **Clinómetro**: Aparato de medida de la pendiente de un terreno o del ángulo de inclinación de un estrato geológico, de una fractura, etc.

• **Clisímetro**: Instrumento para determinar la diferencia de nivel entre dos o más puntos en terrenos muy inclinados, o bien para fijar sobre un terreno la dirección de una pendiente determinada.

• **Clock bias**: Ver: Diferencia horaria.

• **CMG**: Rumbo efectivo o corregido. Es el rumbo que realmente sigue el observador.

• **Coarse acquisition**: Ver: C/A.

• **Código compartido**: Ver: P-Code.

• **Código pseudoaleatorio**: Una sucesión de ceros y unos transmitidos por un satélite y comparados con un código por el receptor para deducir una diferencia de tiempo.

• **Codo real**: Medida de longitud del antiguo Egipto que equivale a 0,5236 metros.

• **Coeficiente de variación**: Grado de variación de datos estadísticos con relación a un valor medio.

• **COG**: Es la dirección de desplazamiento conseguida que no tiene por qué coincidir con la línea de rumbo.

• **Colatitud**: Diferencia angular, expresada en grados, entre la latitud de un punto y los 90 grados de la latitud polar. Nota: Es el complementario de la latitud.

• **Colimación**: Acción de hacer pasar por un punto determinado una visual móvil que parte de un instrumento topográfico.

• **Colimador**: Instrumento usado en topografía para individualizar una visual.

• **Color**: Variable visual definida por una respuesta espectral determinada. Nota: Sus componentes, desde un punto de vista perceptivo, son el tono, el valor y el cromatismo.

• **Color convencional**: Color con el que usualmente se representan determinados fenómenos en un mapa.

• **Coloreado a capas**: Sombreado o coloreado diferencial de las partes de un mapa comprendidas entre dos curvas de nivel determinadas para que pueda apreciarse a simple vista la distribución de las tierras altas y las bajas. Debe elegirse con sumo cuidado la curva de nivel en la que se efectúa cada cambio de color. Uno de los métodos más utilizados es emplear una secuencia de verdes, amarillos y marrones que culminen en rojo, morado o blanco en los sectores más altos. Otro método consiste en usar un solo color en toda su gama de intensidades desde la más tenue a la más oscura. Un tercer método consiste en fundir o graduar tonos sucesivos para evitar la impresión de escalonamiento que se produce cuando se rellenan curvas de nivel.

• **Compás**: Instrumento formado por dos brazos, unidos por una articulación, que sirve para trazar arcos de circunferencia y para tomar y trasladar distancias.

• **Compás de proporciones**: Instrumento para cambiar de escalas formado por dos reglas graduadas acabadas en punta y unidas por una articulación que puede desplazarse, la cual sirve para hacer variar la proporcionalidad entre las distancias de las puntas de uno y otro extremo. Sinónimo complementario: compás de reducción.

• **Compás de puntas:** Compás con dos brazos acabados en una punta fija que sirve para trasladar distancias y, especialmente, medirlas sobre una escala gráfica.

• **Compás de reducción**: Ver: compás de proporciones.

• **Compás de vara**: Compás que sirve para trazar circunferencias de gran radio y que consiste en un brazo sobre el que se desplaza y fija, a la distancia del radio deseado, la aguja que determina el centro y la punta trazadora.

• **Compás divisor:** Instrumento basado en el paralelogramo articulado y compuesto que se utiliza para marcar divisiones de gran longitud.

• **Condensación**: Estrategia aplicada en algunos mapas, principalmente en los mapamundis, consistente en suprimir partes sin interés con el objetivo de poder incrementar la escala en un mismo formato.

• **Configuración isobárica**: Forma que adquiere un conjunto de isobaras.

• **Conformidad**: Cualidad de algunas proyecciones que consiste en mantener los valores angulares sobre un mapa invariables respecto a sus homólogos de un globo. Nota: Es una cualidad incompatible con la de "equivalencia".

• **Conservación de escala**: Cualidad por la que un mapa mantiene uniforme la escala. Nota: Esta relación sólo puede considerarse válida en pequeñas áreas.

• **Conservación de posición**: Cualidad por la que un mapa muestra correctamente en una escala determinada la posición de los fenómenos representados.

• **Contacto fotográfico**: Copia fotográfica hecha impresionando el soporte sensible en contacto directo con el original.

• **Convergencia de la cuadrícula**: Ángulo formado por la dirección del norte geográfico y la del norte de una cuadrícula.

• **Conversión de escala**: Operación que consiste en cambiar el sistema de medida de la escala de un mapa por otro. Nota: Con esta operación se puede pasar, por ejemplo, de millas a kilómetros o de pulgadas a centímetros.

• **Coordenada**: Cada una de las magnitudes que determinan la posición de un punto en un sistema de referencia. Nota: Se usa generalmente en plural.

• **Coordenada geográfica**: Cada uno de los valores de latitud y longitud que indican la situación relativa de un punto sobre la superficie de un globo.

• **Coordenadas**: Conjunto formado por la abscisa y la ordenada de un punto.

• **Coordenadas cartesianas**: Coordenadas que representan la posición de un punto en un plano en relación a dos líneas perpendiculares que se cortan en un ángulo recto.

• **Coordenadas celestes**: Coordenadas utilizadas para definir la posición de un punto en la esfera celeste.

• **Coordenadas de la cuadrícula**: Coordenadas que mediante un conjunto de números y letras permiten designar un punto en un mapa, una fotografía o una carta que tengan superpuesta una cuadrícula.

• **Coordenadas de las esquinas de la hoja**: Coordenadas correspondientes a los lados del marco de un mapa el valor de las mismas se puede expresar en cualquier sistema de medida.

• **Coordenadas geodésicas**: Coordenadas que determinan la situación espacial de un punto mediante sus coordenadas geográficas acompañadas de la altura sobre el elipsoide.

• **Coordenadas Lambert**: Coordenadas referidas a la red Lambert.

• **Coordenadas planas**: Coordenadas en una red plana de localización cartográfica.

• **Coordenadas polares**: Coordenadas utilizadas para definir, mediante ángulos vectoriales y la magnitud del radio vector, la posición de un punto en el espacio respecto a un punto de origen escogido arbitrariamente.

• **Coordenadas UPS**: Coordenadas de la red UPS.

• **Coordenadas UTM**: Coordenadas de la red UTM.

• **Coordinatógrafo**: Instrumento de precisión utilizado para trasladar y situar puntos sobre un mapa mediante sus coordenadas. Nota: Según el tipo de coordenadas que utilicen los coordinatógrafos pueden ser ortogonales o polares.

• **Corometría**: Estudio cuantitativo o estadístico de las distribuciones espaciales.

• **Corte geológico**: Figura que representa un territorio seccionado por un plano vertical imaginario con la finalidad de poder ver el perfil topográfico resultante y los detalles de la estructura y composición geológicas.

• **Corte topográfico**: Ver: Perfil topográfico.

• **Corocroma**: Cada una de las zonas individualizadas y tratadas con una trama o un color determinados en un mapa corocromático.

• **Corocromática**: Ver: Corocromático.

• **Corocromático**: Relativo o perteneciente a los mapas corocromáticos o a las corocromas.

• **Coropleta**: Cada una de las zonas individualizadas y tratadas con una trama o un color determinados en un mapa de coropletas.

• **Coroplética**: Ver: Coroplético.

• **Coroplético**: Relativo o perteneciente a los mapas de coropletas o a las coropletas.

• **Cota**: Número que en los mapas, cartas y planos topográficos indica la altitud de un punto sobre el nivel del mar o respecto a cualquier otro punto de referencia.

• **Cota de curva**: Cota que se sitúa encima, en el medio o siguiendo el trazo de una curva de nivel para indicar su altitud.

• **Course deviation indicator**: Ver: CDI.

• **Course made good**: Ver: CMG.

• **Course over ground**: Ver: COG.

• **Course to steer**: Ver: Rumbo a seguir.

• **Courseline**: Ver: Línea de rumbo.

• **Covado**: Unidad de longitud antigua brasileña equivalente a 0,66 metros aproximadamente.

• **Cross track error**: Ver: XTE.

• **Cruz de cuadrícula**: Cruz pequeña que, situada en el campo de un mapa, indica la intersección de un meridiano y un paralelo seleccionados.

• **Croquis**: Dibujo que, hecho del natural o a partir de un mapa topográfico o una fotografía, presenta, de una forma sencilla y esquemática, paisajes o fenómenos.

• **Croquis altimétrico**: Croquis de un relieve que se obtiene a simple vista con la ayuda de algunos puntos de posición y altitud conocidos.

• **Croquis geográfico**: Ver: Croquis topográfico.

• **Croquis topográfico**: Croquis realizado sin escala que representa uno o diversos elementos del terreno en posiciones más o menos aproximadas.

• **Cuadrado de la cuadrícula**: Cada uno de los cuadrados de los que se compone la cuadrícula.

• **Cuadrángulo**: Zona formada por cuatro lados coincidentes con meridianos y paralelos.

• **Cuadrante**: Instrumento astronómico que tiene un limbo graduado que abarca un arco de 90 grados.

• **Cuadrícula**: Sistema de rectas que se cortan ortogonalmente utilizando como base de referencia para los diferentes usos cartográficos.

• **Cuadrícula de proyección**: Cuadrícula ortogonal que sirve de base para diferentes sistemas cartográficos de proyección.

• **Cuadriculación**: Operación gráfica que consiste en colocar una cuadrícula en un mapa con el objeto de poderlo copiar o transportar geométricamente, ampliarlo o reducirlo con la ayuda de puntos o de una red de referencia.

• **Cuadricular**: Trazar una cuadrícula en un mapa o en un plano.

• **Cuatricromía**: Impresión hecha en cuatro colores siendo tres de ellos los de la tricromía y el cuarto es el negro u otro color oscuro. Nota: La cuatricromía es de hecho una variante de la tricromía y se obtiene para la reproducción por superposición de las tres imágenes monocromáticas de los tres colores primarios y la del negro va en la misma impresión que el texto.

•**Cuña de paralaje**: Gráfico con forma de cuña constituido por pares de puntos debidamente distanciados impreso sobre un soporte transparente que se utiliza como sustituto de la barra de paralajes.

• **Cursor**: Símbolo destellante que indica donde deben entrarse los datos, las opciones a cambiar o la posición gráfica del observador.

• **Curva**: Ver: Diagrama de curvas.

• **Curva batimétrica**: Ver: isobata.

• **Curva clinográfica**: Diagrama de curvas que representa el valor medio de las pendientes en los diferentes puntos de un terreno en función de las alturas correspondientes.

• **Curva de configuración**: Cada una de las líneas utilizadas para dar una idea aproximada de las formas del relieve sin indicación numérica de altitud ya que no tienen el soporte de las medidas precisas.

• **Curva de depresión**: Curva de nivel que mediante líneas discontinuas o pequeñas normales es utilizada para señalar las áreas de depresión topográfica.

• **Curva de nivel:** Línea que, en un mapa o plano, une todos los puntos de igual distancia vertical, altitud o cota. Sinónimo: isohipsa.

• **Curva de pendiente general**: Diagrama de curvas que representa la inclinación de un terreno a partir de las distancias entre las curvas de nivel.

• **Curva hipsográfica**: Ver: curva hipsométrica.

• **Curva hipsométrica**: Diagrama de curvas utilizado para indicar la proporción de superficie con relación a la altitud. Sinónimo complementario: curva hipsográfica. Nota: El eje vertical representa las altitudes y el eje horizontal las superficies o sus porcentajes de superficie.

• **Curva intercalada**: Curva de nivel que se añade entre dos curvas de nivel normales cuando la separación entre éstas es muy grande para una representación cartográfica clara. Nota: Se suele representar con una línea más fina o discontinua.

• **Curva maestra**: Curva de nivel en la que las cotas de la misma son múltiples de la equidistancia.

• **Curvímetro**: Instrumento con escalas diversas que sirve para medir sobre un mapa longitudes de líneas curvas como las de un río, una carretera o un límite administrativo.

CH

CH

D

• **Dañado**: Un satélite que ha desarrollado un defecto es declarado dañado y sus transmisiones son ignoradas por los receptores GPS.

• **Dato analógico**: Cada uno de los datos representados por una magnitud física considerada como continua.

• **Dato digital**: Cada uno de los datos representados de forma discontinua.

• **Dasimetría**: Ver: Técnica dasimétrica.

• **DAO**: Ver: Diseño asistido por ordenador.

• **Datum**: Punto básico del terreno determinado por observación astronómica en el que la normal del geoide coincide con la normal del elipsoide terrestre y con el que se unen los extremos de la base del primer triángulo de una red de triangulación que servirá de origen de todas las coordenadas de la red.

• **Datum**: Cualquier línea de superficie, línea o punto, utilizado como referencia para la medida de otra cantidad.

• **Decímetro**: Unidad de medida de longitud del Sistema Métrico Decimal. 1 decímetro = 0,1 metros. Abreviadamente: dm.

• **Declinación**: Ver: Acimut verdadero.

• **Declinación magnética**: Ángulo que forma la dirección del norte magnético y la del norte geográfico en un punto de la superficie terrestre.

• **Degradación geométrica de precisión**: Ver: DOP.

• **Delineación**: Acción de delinear.

• **Delineante**: Persona que tiene por oficio dibujar planos.

• **Delinear**: Trazar las líneas de un documento cartográfico o de cualquier otro dibujo.

• **Demora de captura**: Ver: <u>TTFF</u>.

• **Dendrograma**: Diagrama de forma ramificada que muestra relaciones de proximidad entre los individuos representados.

• **Department of Defense**: Organismo norteamericano que controla el sistema <u>GPS</u>. A menudo se abrevia como DoD.

• **Deriva**: Movimiento lateral en el agua.

• **Designación de hoja**: Identificación numérica y nominal de la hoja de una serie cartográfica.

• **Desnivel**: Diferencia de nivel o de <u>altura</u> entre dos puntos determinados.

• **Desplazamiento de pantalla**: Pulsaciones repetidas de una tecla para hacer aparecer nuevos datos.

• **Destre**: Unidad de longitud antigua de las Islas Baleares equivalente a 4,214 metros aproximadamente.

• **Desviación magnética de la cuadrícula**: Ángulo formado por la dirección del norte magnético y la del norte de la cuadrícula en un mapa.

• **Determinación de escala**: Cálculo para deducir la <u>escala</u> de un mapa que no la expresa.

• **Determinación de escala**: Elección de la <u>escala</u> definitiva de un mapa o plano antes de elaborarlo.

• **DGPS**: Basado en receptores situados en estaciones costeras que suministran correcciones de la señal <u>GPS</u> y corrige la mayor parte de los errores inducidos por la ionosfera, la atmósfera y la disponibilidad selectiva.

• **Diagrama**: Representación gráfica de la estructura o de la evolución de un fenómeno.

• **Diagrama**: Representación mediante un dibujo o un esquema de un conjunto de datos estadísticos. Sinónimo: Gráfico. Sinónimo complementario: Gráfica.

• **Diagrama cartesiano**: Sistema de localización de un punto en un plano mediante dos valores, representados sobre dos ejes de coordenadas perpendiculares, en el que su intersección es el origen de las coordenadas.

• **Diagrama de bandas**: Diagrama lineal compuesto y acumulado.

• **Diagrama de barras:** Diagrama que representa una variable mediante barras paralelas al eje de ordenadas y de longitud proporcional a sus valores.

• **Diagrama de bloques**: Representación de una estructura o un proceso mediante figuras sencillas que contienen información y que están interconectadas entre ellas.

• **Diagrama de coordenadas polares**: Diagrama que representa las variables en coordenadas polares.

• **Diagrama de coordenadas triangulares**: Ver: diagrama triangular.

• **Diagrama de curvas**: Diagrama que representa las relaciones entre dos variables cuantitativas mediante la distancia de una serie de puntos unidos normalmente por una línea y establecidos a partir de los ejes de un sistema de coordenadas cartesianas. Sinónimo complementario: curva; diagrama lineal.

• **Diagrama de fuentes**: Diagrama o mapa que muestra los datos y la calidad de las fuentes de las que se ha extraído la información para elaborar un mapa. Nota: Este gráfico se sitúa en el margen del mapa.

• **Diagrama de isopletas**: Diagrama cartesiano que representa las variaciones de un fenómeno mediante isopletas.

• **Diagrama de pendientes**: Diagrama que en un mapa, para una escala y equidistancia concretas, permite determinar la pendiente entre dos curvas de nivel consecutivas. Sinónimo complementario: escala de pendientes.

• **Diagrama de superficie**: Diagrama que representa las variables mediante áreas proporcionales de tramos y colores. Nota: Suelen ser circulares, semicirculares o rectangulares.

• **Diagrama de triangulación**: Diagrama que representa los vértices geodésicos y las líneas de la red de triangulación.

• **Diagrama de vientos**: Ver: rosa de los vientos.

• **Diagrama de volúmenes**: Diagrama que representa las variables mediante volúmenes proporcionales en perspectiva. Nota: Suelen ser esferas o cubos.

• **Diagrama ombrotérmico**: Climograma que representa las temperaturas y las precipitaciones medias mensuales de manera que la curva o las barras rectangulares que expresan las precipitaciones se superpongan a la curva de las temperaturas. Nota: Cuando se sigue el método de Gaussen la escala de los valores de las precipitaciones es el doble de la escala de los valores de la temperatura. Cuando los valores de precipitación están por debajo de los valores de temperatura se considera que corresponde a meses áridos y cuando están por encima meses lluviosos.

• **Diagrama triangular**: Diagrama constituido sobre un sistema de coordenadas en forma de triángulo equilátero que permite representar, generalmente en porcentajes, tres variables en la que su suma es constante. Sinónimo complementario: diagrama de coordenadas triangulares; triángulo isométrico.

• **Diagrama vectorial**: Diagrama que representa los valores de los fenómenos mediante vectores como radios desde un punto origen con la indicación de la magnitud y la dirección.

• **Diagramática**: Ver: Diagramático.

• **Diagramático**: Relativo o perteneciente a un diagrama.

• **Dibujo isométrico**: Representación en un solo plano de las tres dimensiones de un objeto.

• **Diferencia horaria**: La diferencia entre el tiempo que indica el reloj y el Universal Time Coordinated (UTC) o el Greenwich Mean Time (GMT).

• **Digital**: Denominación del sistema de comunicación o de tratamiento de la información en el que los datos o variables son representados por caracteres, frecuentemente cifras, de un repertorio finito. Nota: Es un concepto opuesto al de "analógico".

• **Digitalización**: Acción y efecto de digitalizar.

• **Digitalizador**: Dispositivo que permite obtener a partir de una representación analógica un conjunto de datos digitales. Nota: Los digitalizadores más frecuentes en cartografía son los teclados, las mesas digitalizadoras y los escáneres.

• **Digitalizar**: Convertir una representación analógica en una representación digital.

• **Dígito**: Ver: Cifra.

• **Dilution of precision**: Ver: DOP.

• **Dirección**: Diferencia angular en el plano horizontal entre el meridiano y un punto visto por un observador. Se mide en grados en el sentido de las agujas del reloj a partir del meridiano. Si se mide a partir del norte magnético se denomina rumbo o acimut magnético.

• **Discontinuidad**: Estrategia aplicada a algunas proyecciones consistentes en cortar parcialmente los mapas, principalmente planisferios, de forma que las diferentes zonas de interés queden centradas en el sistema de proyección y se evite al máximo la anamorfosis. Sinónimo complementario:

Interrupción.

• **Discontinuidad entre hojas**: Espacio que queda entre dos o más hojas de un mapa que no pertenecen a la misma zona de proyección.

• **Diseño asistido por ordenador**: Conjunto de técnicas dirigidas a la creación de datos que describen el objeto diseñado, a la manipulación de estos datos para mejorar su diseño y a la creación de los datos necesarios para su fabricación. Sinónimo complementario: CAD. Nota: En general se habla de sistemas CAD/CAM.

• **Disponibilidad selectiva**: Un modo de señal que deliberadamente degrada la precisión induciendo un aparente error de tiempo. El Department of Defense norteamericano lo introduce por motivos militares.

• **Distance made good**: Ver: DMG.

• **Distancia**: Espacio que hay entre dos cosas.

• **Distanciómetro**: Aparato topográfico que sirve para medir distancias electrónicamente. Nota: Se utiliza normalmente un rayo luminoso, ondas del infrarrojo próximo o ondas radioeléctricas. El trayecto de ida y vuelta de estas ondas da la distancia a medir.

• **División en hojas**: Sistema por el que una serie de mapas es representado en diferentes hojas.

• **DMG**: Distancia desde el último punto de paso o posición a la posición actual.

• **Doble decímetro**: Instrumento en forma de regla de 20 centímetros de longitud, con lados biselados y dividido en centímetros y milímetros.

• **DOP**: Medida de calidad de la geometría de los satélites y como consecuencia de la precisión de una situación. También se puede denominar GDOP. Se mide en una escala del uno al

diez en la que el diez sería la peor puntuación y uno o dos de
las mejores.

E

• **Eclímetro**: Aparato topográfico que sirve para medir la pendiente de un terreno.

• **Ecuador**: Circunferencia máxima que envuelve a la Tierra en un plano perpendicular a su eje y equidistante a los polos. Nota: El ecuador es la línea de latitud 0 grados y divide la Tierra en dos hemisferios: el hemisferio norte y el hemisferio sur.

• **Ecuador celeste**: Circunferencia máxima en la esfera celeste en la que su plano es perpendicular al eje de la Tierra. Sinónimo complementario: Ecuador equinoccial.

• **Ecuador equinoccial**: Ver: Ecuador celeste.

• **Edición cartográfica**: Reproducción y publicación de documentos cartográficos.

• **Editorial cartográfica**: Centro, público o privado, dedicado a la edición de documentos cartográficos.

• **Efemérides**: Datos relativos a los parámetros orbitales de los satélites.

• **Eje de colimación**: Recta que pasa por el centro óptico del objetivo de un teodolito, o cualquier otro instrumento de medida, y por la intersección de los hilos del retículo del visor.

• **Eje de la Tierra**: Diámetro que pasa por los dos polos terrestres.

• **Eje ecuatorial**: Diámetro de la Tierra descrito entre dos puntos del ecuador.

• **Ejes fiduciales**: Líneas trazadas sobre una fotografía aérea y que unen las marcas fiduciales opuestas.

• **Elevation**: Otro término para indicar la altura de la antena sobre el nivel del mar.

- **Elipsoide de referencia**: Ver: Elipsoide terrestre.
- **Elevación**: Altitud.
- **Elipsoide internacional**: Ver: Elipsoide terrestre.
- **Elipsoide terrestre**: Elipsoide de revolución utilizado como base de los diferentes sistemas de proyección cartográfica. Sinónimo complementario: Elipsoide de referencia y elipsoide internacional. Nota: Modernamente se ha propuesto adoptar como elipsoide de referencia el definido por la Asociación Internacional de Geodesia y Geofísica (1976).
- **EPE**: Es la estimación del error de una posición calculada por los GPS.
- **Eohipsa**: Curva de nivel reconstruida en un relieve desaparecido.
- **Equicorrelativa**: Isopleta que indica la correlación entre una serie de datos.
- **Equidistancia**: Diferencia de altitud entre dos curvas de nivel sucesivas.
- **Equidistancia**: Propiedad que presentan ciertas proyecciones consistente en mantener invariable la escala entre los paralelos o bien respecto a un punto central.
- **Equivalencia**: Cualidad de algunas proyecciones que consiste en mantener la misma relación superficial de los territorios representados y permite la comparación de sus respectivas superficies. Nota: Es una cualidad incompatible con la "conformidad".
- **Equivalente horizontal**: Distancia entre dos puntos de la superficie terrestre proyectada sobre un plano horizontal.
- **Ergograma**: Diagrama que muestra el carácter estacional de las actividades humanas y el tiempo empleado en cada una de ellas.
- **Error apreciable**: La distancia más corta susceptible de

distinguirse sobre un mapa que depende de su escala. La línea más delgada posible que puede distinguirse sobre un mapa es de 0,25 milímetros.

• <u>Escala</u>: Relación constante que hay entre la distancia medida sobre un mapa o plano y la distancia correspondiente medida sobre el terreno representado. Nota: Mencionamos "gran escala" cuando el mapa representa una superficie relativamente reducida y limitada de un territorio (por ejemplo la escala 1:5000). Mencionamos "pequeña escala" cuando se realiza una reducción considerable (por ejemplo la escala 1:500000).

• **Escala de normales**: Relación entre la longitud o el grosor de las normales y la pendiente que representan.

• **Escala de pendientes**: Ver: <u>diagrama de pendientes</u>.

• **Escala de tintas hipsométricas**: Gama de colores utilizada para la representación de las franjas altitudinales.

• **Escala del símbolo**: Relación entre las dimensiones de un símbolo y el valor de los hechos y los fenómenos que representa.

• **Escala gráfica**: Escala expresada en forma de un segmento de línea recta que representa una distancia determinada sobre el terreno.

• **Escala horizontal**: Escala que se refiere a la dimensión horizontal de un perfil, un corte topográfico o cualquier otra representación cartográfica y que suele ser la escala del mapa de referencia.

• **Escala intermedia**: Escala que se usa en el desarrollo de un trabajo cartográfico y que se encuentra entre la escala del mapa base y la escala del mapa definitivo.

• **Escala numérica**: Escala representada en forma de número quebrado o en forma decimal. Nota: Puede representarse escribiendo 1:500000 o bien 1/500000. A veces se expresa verbalmente mediante una equivalencia de unidades (por ejemplo 1 centímetro del mapa equivale a 5 kilómetros del terreno).

• **Escala vertical**: Escala que se refiere a la dimensión vertical de las alturas y que se utiliza especialmente en los perfiles y cortes topográficos. Nota: Suele tener un valor diferente a la escala horizontal con el objeto de realzar la representación de la altura.

• **Escalímetro**: Regla de lados múltiples sobre los que hay graduados diferentes escalas. Nota: Los modelos más generalizados son los de estrella, el de perfil triangular y el de bolsillo o de abanico que se compone de diferentes tiras cogidas por un extremo.

• **Escáner**: Aparato que examina sucesivamente las diferentes partes de una figura o de una forma y produce las señales analógicas o digitales correspondientes. Nota: El escáner tiene aplicaciones específicas en teledetección y en artes gráficas.

• **Escuadra**: Instrumento de madera, metal o de plástico con forma de triángulo rectángulo isósceles utilizado para trazar líneas paralelas y ángulos rectos de 45 grados, 135 grados o ángulos múltiples de 45 grados.

• **Escuadra topográfica**: Aparato topográfico para determinar sobre un terreno alineaciones en ángulo recto con respecto a otra.

• **Esfera armilar**: Maqueta que representa el Sol, las estrellas, la Luna, la Tierra y los planetas. Cuando se hace girar muestra el movimiento de estos astros los unos con respecto a los otros.

• **Esfera celeste**: Representación de la esfera celeste sobre un globo. Sinónimo: Globo celeste.

• **Esfera terrestre**: Representación cartográfica esférica de la Tierra. Sinónimo: Globo terráqueo.

• **Esferoidal**: Que tiene la forma de un esferoide.

• **Esferoide**: Cuerpo de forma parecida a la esfera.

• **Esfumado**: Ver: Sombreado.

• **Esgrafiado**: Ver: Grabado.

• **Esgrafiar**: Ver: Grabar.

• **Espectro electromagnético**: Conjunto ordenado de todas las ondas electromagnéticas conocidas. Nota: Las ondas electromagnéticas se suelen clasificar y ordenar según sus longitudes de onda, frecuencia y energía. El espectro electromagnético se divide en diferentes dominios espectrales o bandas, como el ultravioleta, el visible y el infrarrojo.

• **Esquema cartográfico**: Representación cartográfica aproximativa y muy simplificada, a menudo con finalidades didácticas.

• **Estación**: Punto del terreno, a menudo indicado con una estaca o alguna otra señal, donde se coloca el instrumento de observación y medida topográfica o geodésica.

• **Estación total**: Aparato topográfico que integra en un solo equipo un teodolito y un distanciómetro para medir y replantear puntos del terreno.

• **Estadía**: Mira graduada en centímetros utilizada para la medida indirecta de la distancia entre dos puntos de un terreno.

• **Estadimetría**: Procedimiento indirecto para la medida de distancias mediante el uso de estadías y taquímetros.

• **Estadio egipcio**: Unidad de longitud antigua usada en la época egipcia equivalente a unos 185 metros aproximadamente.

• **Estereograma**: Diagrama que representa un objeto o un

conjunto de variables en tres dimensiones, produciendo una sensación de relieve.

• **Estereograma**: Ver: Par estereoscópico.

• **Estereorestituidor**: Ver: Restituidor fotogramétrico.

• **Estereoscopio**: Instrumento óptico binocular con el que dos imágenes planas de un mismo objeto, tomadas desde puntos de vista diferentes, ofrecen una sensación de imagen única en relieve.

• **Estereoscopio de bolsillo**: Estereoscopio plegable y de pequeñas dimensiones.

• **Estereoscopio de espejos**: Estereoscopio que, mediante un juego de prismas o espejos, permite ver dos imágenes de un par estereoscópico colocadas separadamente sin que se tapen mutuamente. Sinónimo complementario: Estereoscopio de reflexión.

• **Estereoscopio de reflexión**: Ver: Estereoscopio de espejos.

• **Estereoscopia**: Conjunto de principios que rigen la observación binocular.

• **Estereoscopia**: Visión en relieve mediante un estereoscopio.

• **Estereoscópica**: Ver: Estereoscópico.

• **Estereoscópico**: Relativo o perteneciente a la estereoscopia o al estereoscopio.

• **Estilógrafo**: Instrumento formado por un mango con puntas que pueden ser de diferentes grosores y un depósito cilíndrico que sirve para trazar figuras con tinta china. Nota: Ahora este instrumento ha substituido al tiralíneas.

• **Estimated position error**: Ver: EPE.

• **Estimated time en route**: Ver: ETE.

• **ETE**: Es el tiempo que se tardará en llegar a un determinado punto de paso y que se calcula en base a la VMG.

• **EVLS**: Ver: Mayday mike.

• **Exageración de la escala**: Incremento de la escala vertical con relación a la escala horizontal utilizado normalmente en los perfiles topográficos con el objeto de mostrar visualmente mejor las pendientes del terreno. Nota: Suele ser como mínimo unas 100 veces mayor la escala vertical a la horizontal. En cualquier caso hay que expresarlo convenientemente.

• **Exageración vertical**: Ver: <u>Exageración de la escala</u>.

• **Exposición cartográfica**: Muestra pública de documentos cartográficos.

• **Extrapolación**: Extensión de los valores de una serie de variables por cualquier lado de unos valores conocidos. En sentido cartográfico o en diagramas este término suele implicar la reconstrucción de patrones o tendencias, pasadas o futuras, mediante la extensión y desarrollo de los modelos o tendencias actuales tal como aparecen cartografiados o representados gráficamente.

F

• **Falso color**: Imagen en la que sus colores son el resultado de una combinación y una composición cromática arbitraria o convencional. Nota: La combinación en falso color más corriente es la que desplaza hacia longitudes de onda más larga las bandas del espectro visible. En lugar de aplicar los colores azul, verde y rojo a las respectivas bandas del espectro se aplican a las bandas el verde, rojo y el infrarrojo cercano, respectivamente. El uso frecuente del falso color tiene relación con la resolución espectral de una buena parte de los sensores que se instalan en los vehículos espaciales. Por extensión, el término se usa para designar las imágenes digitales coloreadas simulando fotografías en falso color.

• **Falso origen**: Punto de origen de un sistema de canevás a partir del cual queda unívocamente determinada la posición de un punto cualquiera por medio de sus correspondientes coordenadas. El origen se traslada desde la intersección de los ejes de proyección hasta la posición falsa con objeto de evitar la aparición de números negativos. En la red UTM el falso origen para cada uno de los 60 husos es un punto situado 500 kilómetros al oeste del meridiano central del huso y en el ecuador en el hemisferio norte y 10000 kilómetros al sur para el hemisferio meridional. En la cuadrícula Lambert, utilizada en España como sistema de referencia hasta los años 1970 el falso origen se situaba en un punto localizado en el océano Atlántico 600 kilómetros al oeste y 600 kilómetros al sur del centro de la proyección.

• **Fathograma**: Diagrama del perfil batimétrico de un fondo marino, lacustre o fluvial obtenido mediante una sonda ecoica.

• **Fecha de levantamiento**: Indicación del tiempo en el que un levantamiento topográfico ha sido hecho o acabado. Nota: Este dato suele ser diferente de la fecha de edición o publicación del mapa.

• **Fix**: Palabra inglesa que se utiliza para designar posición.

• **Flap**: Cualquiera de los originales intermedios que se superponen para elaborar un fotolito.

• **Flecha de depresión**: Señal parecida a una flecha que en un mapa se coloca en el sentido de la máxima pendiente dirigido hacia el centro de una depresión.

• **Fondo cartográfico**: Conjunto de mapas de una colección de un organismo oficial, una cartoteca o de un establecimiento especializado.

• **Forma**: Variable visual de un símbolo cartográfico definida principalmente por los contornos.

• **Formato de la hoja**: Dimensión que indica la medida de una hoja de un mapa teniendo en cuenta la relación entre la longitud y la anchura.

• **Formato de papel normalizado**: Dimensión normalizada de una hoja de papel para el dibujo y la escritura. Nota: Los formatos se han establecido de forma tal que la dimensión del lado más largo es igual a la dimensión del lado más corto del formato inmediatamente superior. Las medidas normalizadas en milímetros son: 4A0 1682x2378 mm; 2A0 1189x1682 mm; A0 841x1189 mm; A1 594x841 mm; A2 420x594 mm; A3 297x420 mm; A4 210x297 mm; A5 148x210 mm; A6 105x148 mm.

• **Formato del mapa**: Dimensión que indica la medida del

campo de un <u>mapa</u> teniendo en cuenta la relación entre la longitud y la anchura.

• **Fotocomposición**: Sistema fotográfico automatizado de composición y tratamiento de textos.

• **Fotograbado**: Procedimiento usado para reproducir <u>mapas</u> y otros tipos de material gráfico por el cual se representa una figura por medio de incisiones en la parte inferior de una plancha de imprimir que está cubierta con una capa de tinta de forma que cuando se prensa contra el papel queda impresa sobre él la figura.

• **Fotografía aérea**: Fotografía de una parte de la superficie terrestre hecha desde un avión. Sinónimos complementarios: <u>Aerofotografía</u> y <u>fotograma</u>. Nota: Cuando se habla de fotografía aérea normalmente se hace referencia a la <u>fotografía aérea vertical</u>.

• **Fotografía aérea oblicua**: <u>Fotografía aérea</u> en la que la dirección del eje óptico de la cámara no es vertical.

• **Fotografía aérea vertical**: <u>Fotografía aérea</u> en la que la dirección del eje óptico de la cámara es aproximadamente vertical.

• **Fotografía de infrarrojo**: Fotografía obtenida a partir de una emulsión sensible a la banda del <u>infrarrojo</u> cercano, especialmente útil para detectar el estado de la vegetación, contaminación de las aguas y otros fenómenos. Nota: La fotografía de infrarrojo puede ser en blanco y negro o en color. Esta última suele denominarse popularmente fotografía en falso color.

• **Fotografía de satélite**: Fotografía de una parte de la superficie terrestre hecha desde un satélite. Nota: No hay que confundirla con la "<u>imagen de satélite</u>".

• **Fotografía en color**: Ver: Fotografía pancromática.

• **Fotografía estereoscópica**: Toma fotográfica que mediante un solapamiento permite obtener la visión tridimensional de un relieve con la ayuda de un estereoscopio.

• **Fotografía ortocromática**: Fotografía obtenida a partir de una emulsión sensible a todos los colores a excepción del rojo y del naranja.

• **Fotografía pancromática**: Fotografía obtenida a partir de una emulsión sensible a toda la banda visible del espectro electromagnético. Sinónimo complementario: Fotografía en color.

• **Fotograma**: Ver: Fotografía aérea.

• **Fotogrametría**: Conjunto de métodos y de operaciones que permiten la confección de mapas y planos, incluyendo la determinación de la tercera dimensión, a partir de fotografías estereoscópicas. Sinónimo complementario: Restitución fotogramétrica. Nota: Según se base en fotografías obtenidas desde un avión o desde tierra se denomina, respectivamente, fotogrametría aérea o fotogrametría terrestre.

• **Fotointerpretación**: Técnica de estudio y análisis de fotografías aéreas. Sinónimo: Interpretación fotográfica.

• **Fotointérprete**: Especialista en fotointerpretación.

• **Fotolito**: Original fotográfico final presentado sobre una transparencia positiva o negativa que se utiliza para insolar la plancha de impresión de un mapa.

• **Fotolitografía**: Proceso por el cual un mapa es fotografiado y el negativo obtenido es impreso por contacto sobre una lámina metálica para impresión litográfica.

• **Fotomapa**: Imagen fotográfica en la que se han incorporado otros datos y símbolos.

• **Fotomosaico**: Conjunto de fotografías aéreas sucesivas que se recortan y unen con la finalidad de formar una representación fotográfica continua de una parte de la superficie de la Tierra aprovechando la parte menos deformada de cada fotograma. Sinónimo: Mosaico fotográfico. Nota: Los fragmentos de cada fotografía se unen a partir de puntos conocidos e identificables.

• **Fotoplano**: Fotomapa de gran escala.

• **Fototriangulación**: Ver: Aerotriangulación.

• **Fotorrelieve**: Sombreado en un mapa que da la impresión de una fotografía de un modelo en relieve generalmente con la apariencia de una fuente de luz procedente del noroeste.

• **Fotóstato**: Copia de un mapa o diagrama obtenida directamente de una placa litográfica.

• **Frontera**: Límite o línea de división representada en un mapa pero que puede no estar representada en el suelo.

• **FT**: Ver: Pie.

• **Furlong**: Unidad de longitud británica equivalente a 220 yardas, 1/8 de milla o 201,16 metros. También se traduce al castellano como estadio.

G

• **Gama de colores**: Sucesión ordenada de colores que indica la correspondencia con uno o diversos fenómenos representados en un mapa.

• **Gama de grises**: Sucesión ordenada de valores de grises.

• **GDOP**: Ver: DOP.

• **Generalización**: Acción y efecto de generalizar.

• **Generalizar**: Tratar la información destinada a un mapa mediante procesos de simplificación, clasificación, simbolización e inducción, en especial cuando es a partir de otro mapa de escala superior.

• **Genograma**: Diagrama que representa la estructura de una familia a lo largo de tres o más generaciones, la evolución que ha seguido y la localización de cada uno de sus miembros.

• **Geodesia**: Parte de la geofísica que se ocupa del estudio de la forma y las dimensiones de la superficie terrestre.

• **Geodésica**: Ver: Geodésico.

• **Geodésico**: Relativo o perteneciente a la geodesia.

• **Geodesta**: Especialista o técnico en geodesia.

• **Geodímetro**: Aparato de topografía que calcula la distancia entre dos puntos midiendo el tiempo que tarda una señal luminosa en recorrerla desde que es enviada hasta que vuelve después de ser reflejada.

• **Geoide**: Superficie teórica de la Tierra en la que la dirección de la gravedad, de todos sus puntos, es vertical.

• **Globo**: Representación cartográfica de la Tierra, del espacio o de cualquier cuerpo celeste, sobre una esfera.

• **Globo celeste**: Sinónimo: esfera celeste.

• **Globo en relieve**: Globo en la que su superficie ha sido modelada en relieve, normalmente con una gran exageración de la escala vertical.

• **Globo estratosférico**: Aerostato sin motor que es utilizado como vehículo de un sensor remoto, generalmente una cámara fotográfica.

• **Globo iluminado**: Globo con luz interior que permite representar aspectos e informaciones diversas.

• **Globo terráqueo**: Planeta del sistema solar que está situado el tercero en función de la proximidad al Sol.

• **Globo terráqueo**: Sinónimo: esfera terrestre.

• **Gnomon**: Palo o varilla que se clava verticalmente en el suelo con el objeto de realizar mediciones de las sombras proyectadas por el Sol.

• **Goma de borrar**: Pieza semirígida hecha con caucho o plásticos que se usa para borrar. Nota: Se fabrican gomas de borrar especiales para lápices, para tinta, para soportes de dibujo de poliéster, etc.

• **Goniógrafo**: Aparato que sirve para determinar gráficamente ángulos sobre un plano sin indicar los valores en grados.

• **Goniómetro**: Aparato que sirve para medir ángulos. Nota: El goniómetro constituye la base de diversos instrumentos topográficos y astronómicos tales como el teodolito y el sextante.

• **GPS**: Abreviación de Global Position System. Es un aparato que utiliza las señales que envían los satélites artificiales para calcular e indicarnos la posición en la que nos encontramos.

• **GQ**: Es un término usado para designar el DOP.

• **Grabado**: Mapa obtenido por estampación de una plancha o de una matriz grabada. Nota: Hay diversos tipos de grabados

74

según sea el tipo de plancha: grabado al cobre, grabado al acero, etc.

• **Grabado**: Acción de grabar. Sinónimo complementario: Esgrafiado.

• **Grabar**: Trazar líneas transparentes sobre una lámina plástica especialmente preparada eliminando, mediante un punzón especialmente preparado, material de la capa opaca que la recubre. Sinónimo complementario: Esgrafiar.

• **Grabar**: Trazar, mediante un buril, un cincel, etc. un mapa sobre una plancha para reproducir un cierto número de ejemplares.

• **Grado**: Unidad de medida angular igual a 1/360 de circunferencia.

• **Gradiente**: Grado de inclinación de una rampa ya sea expresado como una proporción entre el intervalo vertical, reducido a la unidad, y su equivalente horizontal o como una medida angular desde la horizontal. El gradiente puede expresarse como un porcentaje.

• **Grano**: Ver: Textura.

• **Graduación del marco**: Conjunto de indicaciones numéricas de las coordenadas geográficas, de la proyección o de cualquier otra cuadrícula, colocadas en el marco de un mapa. Nota: Estas indicaciones a menudo se colocan en el marco de graduación.

• **Gráfica**: Ver: Diagrama.

• **Gráfico**: Sinónimo: Diagrama.

• **Gráfico de orientación**: Gráfico que, en un mapa, representa la dirección del norte geográfico, del norte magnético, del eje de coordenadas de la proyección o de cualquier otra referencia de la dirección.

• **Gráfico de declinación magnética**: Gráfico que representa la declinación magnética de un mapa. Nota: La posición del norte magnético corresponde a un momento (la fecha se indica en el mapa) y a un determinado lugar (normalmente es el centro del mapa) determinados.

• **Gráfico de distribución de hojas**: Gráfico que representa la división y la designación de las hojas que componen un mapa.

• **Gráfico de hojas adyacentes**: Gráfico que se sitúa en el margen de una hoja y que representa esquemáticamente la distribución y la designación de las hojas adyacentes.

• **Gráfico de límites administrativos**: Gráfico que se sitúa en el margen de un mapa y que representa los límites fronterizos y las divisiones administrativas.

• **Ground speed**: O "speed over the ground" es la velocidad sobre el fondo en oposición a la velocidad sobre el agua. También se le llama "velocity over the ground".

H

- **HDOP**: Es otro término para designar el DOP.
- **Hemisferio**: La mitad de una esfera. El globo terráqueo se divide en un hemisferio norte y un hemisferio sur que los divide el ecuador.
- **Hidrografía**: Descripción, investigación y cartografía de los océanos, mares y litorales, junto con el estudio de las mareas, corrientes y vientos, pero principal y esencialmente desde el punto de la navegación.
- **Hidrograma**: Diagrama que expresa, mediante una curva, la evolución del caudal de un curso hidrográfico durante un período de tiempo.
- **Hilo**: Trazo lineal grabado que forma el retículo de un visor. Nota: Según su función se denominan hilos estadimétricos (el superior y el inferior), hilo de nivelación (el central) e hilo de puntería (el vertical).
- **Hilo invar**: Instrumento geodésico de medida de gran precisión consistente en un alambre de 24 metros de longitud de unas características dimensionables muy estables y con una regla milimétrica en cada extremo. Nota: El cálculo de cada medida incluye correcciones de errores provocados por la inclinación de la catenaria, la gravedad y la temperatura.
- **Hipsometría**: Representación cartográfica conjunta de la altitud de un territorio y de las profundidades marinas, generalmente mediante franjas de colores.
- **Hipsobatimetría**: Estudio y confección de mapas que muestran a la vez la altitud de la tierra y la profundidad del

mar.

• **Hipsobatimétrica**: Ver: Hipsobatimétrico.

• **Hipsobatimétrico**: Relativo o perteneciente a la hipsobatimetría.

• **Hipsografía**: Estudio y descripción del relieve a partir de un mapa o de una fotografía.

• **Hipsográfica**: Ver: Hipsográfico.

• **Hipsográfico**: Relativo o perteneciente a la hipsografía.

• **Hipsometría**: Ver: Altimetría.

• **Hipsométrica**: Ver: Altimétrica.

• **Hipsométrico**: Ver: Altimétrico.

• **Histograma**: Diagrama de superficie utilizado para representar una tabla de distribución de frecuencias agrupadas en diferentes intervalos de clase. Nota: Las frecuencias de cada intervalo a menudo son expresadas por el área de una serie de rectángulos, en la que su base es constante si lo es la amplitud del intervalo. Las bases de los rectángulos suelen reposar sobre un eje horizontal con el centro en las marcas de clase.

• **Historia de la cartografía**: Estudio de la evolución de los métodos, las técnicas y la producción cartográfica a lo largo del tiempo.

• **Historia del mapa**: Estudio del historial de un mapa aislado o de una serie de mapas. Nota: No se debe de confundir con "historia de la cartografía".

• **Hito**: Ver: Mojón.

• **Hoja**.

• **Hoja adyacente**: Hoja de un mapa contiguo a otro con el que se limita por un lado o por la línea de división.

• **Hoja completa**: Hoja de un mapa que tiene el campo totalmente ocupado por la representación cartográfica. Nota: Es un concepto opuesto al de "hoja parcial".

• **Hoja de cotas**: Esquema cartográfico en el que la altitud se representa por medio de un conjunto de puntos y de sus cotas. Sinónimo complementario: mapa de cotas.

• **Hoja de signos convencionales**: Hoja en la que aparecen los signos convencionales utilizados en una serie de mapas.

• **Hoja del mapa**: Unidad fraccionada de edición o de trabajo de un mapa que, por la amplitud que requiere, no se puede editar globalmente. Ejemplo: Una hoja de un mapa topográfico estatal.

• **Hoja parcial**: Hoja de un mapa que tiene el campo parcialmente ocupado por la representación cartográfica. Nota: Es un concepto opuesto a "hoja completa".

• **Hoja parcial**: Hoja de un mapa que comprende una superficie menor que la de una hoja normal.

• **Homoclimos**: Lugares que presentan climogramas muy similares.

• **Horizonte**: El horizonte visible es el límite de la superficie de la Tierra vista desde un punto allí donde la tierra, o el mar, y el cielo parecen encontrarse. Un montículo cercano que interrumpe la visión no forma parte del horizonte. Si el observador se encuentra con su nivel visual a 5 metros por encima de su horizontal su horizonte está a 8 kilómetros lejos, a 20 metros está a 16 kilómetros, a 100 metros está a 35,5 kilómetros, a 1000 metros está a 113 kilómetros y a 5000 metros a 252 kilómetros, todo ello si la visibilidad no está menoscabada.

• **Huso de meridianos**: Representación sobre un plano de la parte de la superficie terrestre comprendida entre dos meridianos. Nota: En la proyección UTM cada uno de los 60 husos comprende una longitud de 6 grados entre los paralelos 84 grados de latitud norte y 80 grados de latitud sur.

• **Huso del globo**: Sección de un globo comprendida entre dos circunferencias máximas, generalmente meridianos.

• **Huso horario**: Cada uno de los veinticuatro husos, comprendidos entre dos meridianos separados por 15 grados de longitud, en los que ha sido dividida la superficie terrestre y que corresponden a una hora. Nota: Los veinticuatro husos horarios han sido establecidos convencionalmente ya que el cambio horario oficial sigue los límites fronterizos y hay estados que tienen un horario diferente del que le correspondería según su huso horario.

I

- **IFOV**: Ver: <u>Campo de visión instantánea</u>.
- **Imagen**: Documento gráfico, de aspecto parecido a una fotografía, que resulta de restituir información digital obtenida por un sensor remoto no fotográfico tal como un escáner, un radar, etc. Sinónimo: <u>Imagen digital</u>.
- **Imagen de satélite**: Imagen elaborada a partir de información captada por un sensor instalado en un satélite.
- **Imagen digital**: Sinónimo: <u>Imagen</u>.
- <u>Imagin & Geospatial Information Society</u>.
- **Implantación del símbolo**: Manera de establecer un símbolo en un <u>mapa</u>. Nota: La implantación puede ser puntual, lineal o superficial.
- **Inicialización**: Consiste en decirle al aparato <u>GPS</u> de manera aproximada dónde se encuentra en términos de latitud y longitud a fin de reducir el tiempo del arranque en frío. Normalmente se hace indicando el país donde se encuentra el observador.
- **Impresora**: Instrumento periférico de salida gráfica de un ordenador. Nota: Hay diferentes modelos de impresora: de aguja, láser, electrostática, térmica, etc.
- **IN**: Ver: <u>Pulgada</u>.
- **Indicación de destino**: Anotación, en el margen de un mapa, del destino de las carreteras y los ferrocarriles que continúan más allá del límite del campo del mapa.
- **Índice toponímico**: Lista alfabética de topónimos contenidos en un mapa, un atlas o un libro con la indicación de su localización o página.

• **Infrarroja**: Ver: Infrarrojo.

• **Infrarrojo**: Banda espectral que abarca longitudes de onda desde 0.7 a 100 micrómetros. Sinónimo complementario: Banda de infrarrojo. Abreviatura: IR. Nota: En la percepción remota se suele distinguir los intervalos aproximados de 0.7 a 1.1 micrómetros (infrarrojo cercano), de 1.1 a 3 micrómetros (infrarrojo medio) y de 3 a 15 micrómetros (infrarrojo térmico).

• **Infrarrojo**: Relativo o perteneciente al infrarrojo.

Insolar: Exponer a la luz rica en rayos ultraviolados una plancha o una película fotosensible a través del cliché de la imagen de la que se quiere transferir.

• **Instituto cartográfico**: Ver: Servicio cartográfico.

• **Intensidad**: Ver: Valor.

• **International Society for Fotogrametry and Remote Sensing**.

• **Interpolación**: Acción y efecto de interpolar. Nota: Se aplica, principalmente, en el trazado de las isopletas.

• **Interpolar**: Determinar e insertar unos valores intermedios a partir de unos puntos fijos conocidos.

• **Interpretación fotográfica**: Sinónimo: Fotointerpretación.

• **Interrupción**: Ver: Discontinuidad.

• **Intervalo de curvas**: Diferencia de altitud entre las dos superficies correspondientes a dos curvas de nivel sucesivas.

• **Intervalo vertical**: Diferencia en la altura vertical entre dos puntos. Ver: Gradiente. Se denomina también: Equidistancia.

• **Inventario de mapas**: Enumeración, generalmente en forma de lista, de documentos cartográficos de una colección o un fondo cartográfico.

• **Ionosfera**: Es una capa de partículas cargadas que rodea la Tierra a unos 150 kilómetros de altura y que induce errores en las señales de los satélites.

• **IR**: Ver: Infrarrojo.

• **Isalóbara**: Isopleta que representa las variaciones de la presión atmosférica en un periodo de tiempo determinado.

• **Isalohipsa**: Isopleta que representa las variaciones de altura de una superficie isobárica en un periodo de tiempo determinado.

• **Isaloterma**: Isopleta que representa las variaciones de la temperatura del aire en un periodo de tiempo determinado.

• **Isanemona**: Isopleta que representa la velocidad mediana del viento.

• **Isanómala**: Isopleta que representa las anomalías de un elemento o fenómeno especialmente meteorológico.

• **Isanómala térmica**: Isanómala que representa las diferencias entre la temperatura media reducida al nivel del mar de un lugar determinado y la temperatura que le corresponde por su altitud.

• **Isoamplitud**: Isopleta que representa la amplitud y la oscilación térmica.

• **Isobara**: Ver: Isóbaro. Sinónimo: Isobárica.

• **Isobara**: Isopleta que representa la presión atmosférica después de reducirla al nivel del mar. Nota: Se expresa normalmente en milibares.

• **Isóbara**: Ver: Isobara.

• **Isóbaro**: Relativo o perteneciente a las isóbaras. Sinónimo: Isobárico.

• **Isóbaro**: Que tiene la misma presión atmosférica. Sinónimo: Isobárico.

• **Isobárica**: Sinónimo: Isobara.

• **Isobárico**: Sinónimo: Isóbaro.

• **Isobasa**: Isopleta que representa la altitud de un estrato geológico.

• **Isobata**: Isopleta que representa las profundidades oceánicas. Sinónimo complementario: Curva batimétrica.

• **Isobática**: Ver: Isobático.

• **Isobático**: Relativo o perteneciente a las isobatas.

• **Isobronta**: Isopleta que representa el momento en que se oye el primer trueno en un día determinado.

• **Isocasma**: Isopleta que representa la frecuencia anual de visibilidad de auroras.

• **Isoclinal**: Que tiene la misma inclinación magnética.

• **Isoclina**: Isopleta que representa la inclinación magnética.

• **Isoclina**: Ver: Isoclino.

• **Isoclino**: Relativo o perteneciente a las isoclinas.

• **Isocrima**: Isopleta que representa la temperatura mínima.

• **Isócrona**: Ver: Isócrono.

• **Isócrona**: Isopleta que representa la difusión de un fenómeno o su tiempo de desplazamiento.

• **Isócrona**: Isopleta que representa el tiempo de propagación de una onda sísmica hasta la superficie de la Tierra.

• **Isócrona**: Isopleta que representa el tiempo de un desplazamiento a partir de un punto con un medio de transporte determinado.

• **Isócrona**: Isopleta que representa la duración y la periodicidad de un fenómeno meteorológico.

• **Isócrona de tormenta**: Isopleta que representa el paso de una perturbación atmosférica.

• **Isocrónica**: Ver: Isocrónico.

• **Isocrónico**: Relativo o perteneciente a las isócronas.

• **Isocronismo**: Cualidad de un isócrono.

• **Isocronizar**: Hacer que un fenómeno o un elemento acaben siendo isócronos.

• **Isócrono**: Denominación de los fenómenos que se suceden en un mismo momento o que tienen un mismo periodo.

• **Isodapana**: Isopleta que representa el coste total del transporte en la teoría de la localización industrial.

• **Isodinámica**: Isopleta que representa el componente horizontal del campo magnético terrestre.

• **Isófena**: Isopleta que representa los fenómenos fenológicos, iguales o semejantes, que se dan en un mismo momento.

• **Isofora**: Isopleta que representa las tarifas del transporte a partir de un centro determinado.

• **Isogama**: Isopleta que representa la intensidad magnética.

• **Isogeoterma**: Isopleta que representa la temperatura de las profundidades de un determinado astro o planeta.

• **Isógona**: Isopleta que representa la inclinación magnética.

• **Isógona**: Isopleta que representa la intensidad del viento en función de los puntos cardinales.

• **Isogónica**: Ver: Isogónico.

• **Isogónico**: Relativo o perteneciente a las isógonas.

• **Isohalina**: Isopleta que representa la salinidad del agua tanto en el sentido vertical como en el horizontal.

• **Isohelia**: Isopleta que representa la insolación en un periodo de tiempo determinado.

• **Isohieta**: Isopleta que representa las precipitaciones atmosféricas en un periodo de tiempo determinado.

• **Isohipsa**: Isopleta que representa la altitud de una presión determinada. Nota: Las isohipsas más representadas son las que corresponden a una presión de 500 y 300 milibares.

• **Isohipsa**: Sinónimo: Curva de nivel.

• **Isolínea**: Ver: Isopleta.

• **Isómera**: Isopleta que representa el porcentaje de precipitaciones mensuales o estacionales con respecto al total anual.

• **Isometría**: Propiedad que expresa una igualdad en una determinada magnitud.

• **Isométrica**: Ver: Isométrico.

• **Isométrico**: Relativo o perteneciente a la isometría.

• **Isonefa**: Isopleta que representa la nebulosidad de un periodo determinado.

• **Isopaca**: Isopleta que representa la potencia de una determinada formación geológica.

• **Isopleta**: Línea que une puntos de igual valor de una determinada variable que se representa en un plano o mapa. Sinónimos complementarios: Isolínea y línea isométrica.

• **Isoplética**: Ver: Isoplético.

• **Isoplético**: Relativo o perteneciente a los mapas de isopletas.

• **Isoquanta**: Curva que representa las combinaciones de factores que nos permiten obtener una misma cantidad de un producto determinado.

• **Isoquímena**: Isopleta que representa la temperatura media del invierno.

• **Isosísmica**: Ver: Isosísmico.

• **Isosísmica**: Isopleta que representa la intensidad de un movimiento sísmico. Sinónimo complementario: Isosista.

• **Isosísmico**: Que tiene la misma intensidad sísmica.

• **Isosista**: Ver: Isosísmica.

• **Isótera**: Isopleta que representa la temperatura media del verano.

• **Isoterma**: Ver: Isotermo.

• **Isoterma**: Isopleta que representa la temperatura media del aire durante un periodo determinado después de reducirla a su equivalente al nivel del mar.

• **Isoterma**: Línea que representa un proceso isotermo en un diagrama de presión-volumen.

• **Isotermo**: Que tiene la misma temperatura.

• **Isotérmica**: Ver: Isotérmico.

• **Isotérmico**: Relativo o perteneciente a las isotermas.

• **Isotracónica**: Isopleta que representa una pendiente o un relieve.

• **Itinerario topográfico**: Línea resultante de un levantamiento topográfico. Con semejante método el error es acumulativo y al final puede ser considerable por ello este error debe ser distribuido proporcionalmente a lo largo del itinerario usando puntos de control o realizando un itinerario circular.

J

- **Jalón**: Palo clavado en el suelo para determinar provisionalmente una determinada alineación.
- **Jalonamiento**: Acción y efecto de jalonar.
- **Jalonar**: Determinar una alineación provisional sobre el terreno mediante el uso de jalones.

K

• **Ken**: Unidad de longitud japonesa equivalente a 1,818 metros aproximadamente.

• **Kilómetro**: Unidad de medida de longitud del Sistema Métrico Decimal equivalente a 1000 <u>metros</u>. Abreviadamente: Km.

• **KM.**: Abreviación de <u>kilómetro</u>.

• **Klutz**: Es la capacidad de la máquina de funcionar a pesar de la torpeza del usuario.

L

• **LANDSAT**: Conjunto de satélites artificiales norteamericanos construidos por la NASA destinados específicamente a la detección de recursos naturales. Nota: Los precursores de los Landsat fueron los satélites de la serie ERTS (Earth Resources Technology Satellite). El primero de ellos fue puesto en órbita el 23 de julio de 1972. A partir del segundo lanzamiento (1975) ya empezaron a designarse con el nombre de Landsat. Su buena resolución espectral de sus sensores, que han sido modificados repetidamente, su carácter global y periódico de sus observaciones y su comercialización a todos los públicos han hecho que las imágenes del Landsat se encuentren muy difundidas y utilizadas por los especialistas de numerosas ramas científicas.

• **Lápiz**: Instrumento de dibujo y escritura constituido por una mina situado en el interior de una barra de madera cuyo extremo se corta en forma de punta con el objeto de dejar al descubierto la mina para poder dibujar con ella. Nota: En el dibujo técnico el lápiz ha ido perdiendo terreno frente al portaminas.

• **Latitud**: Distancia angular entre un punto cualquiera de la esfera terrestre y el ecuador ya sea al norte o al sur. Nota: Se mide en grados. La latitud en el ecuador es de 0 grados y en los polos 90 grados.

• **Legua**: Unidad de longitud española antigua equivalente a 5573 metros aproximadamente.

• **Levantamiento topográfico**: Acción y resultado de levantar un plano. Nota: Un levantamiento topográfico puede ser planimétrico, altimétrico, parcelario, hidrográfico, etc.

• **Levantar un plano**: Realizar las operaciones necesarias sobre el terreno y en el despacho para elaborar un mapa o un plano.

• **Leyenda**: Resumen explicativo de los símbolos convencionales de un mapa o diagrama destinado a facilitar su lectura que se presenta en los cajetines laterales del plano o mapa junto con otras especificaciones importantes como podrían ser el norte o la escala.

• **Li**: Unidad de longitud china equivalente a 575,50 metros aproximadamente.

• **Lidar**: Sensor remoto consistente en un radar de láser que trabaja en la franja del infrarrojo próximo, del visible y del ultravioleta. Nota: Lidar es un acrónimo del inglés "*light detection and ranging*".

• **Limbo**: Círculo graduado.

• **Límite del huso**: Ver: Meridiano límite del huso.

• **Lindar**: Estar al lado o tener límite o frontera.

• **Linde**: Línea real o imaginaria que marca un territorio o una finca y lo separa de otros.

• **Línea agónica**: Línea que une los puntos que no tienen declinación magnética.

• **Línea automecoica**: Línea de un mapa sobre el que la escala se mantiene invariable. Sinónimos complementarios: Línea de base y línea de referencia. Nota: En un sentido más restringido es la línea real o teórica de contacto entre el plano de proyección y el globo.

• **Línea de bajamar**: Línea imaginaria que en la marea baja indica el límite inferior de la banda intermareal.

• **Línea de base**: Ver: Línea automecoica.

- **Línea de base**: Ver: <u>Base de triangulación</u>.
- **Línea de base**: Ver: <u>Base fotográfica</u>.
- **Línea de costa**: Línea imaginaria que en la marea alta indica el terreno no sumergido por el agua del mar.
- **Línea de cuadrícula**: Línea de un <u>mapa</u> que corresponde a los valores enteros de una <u>abscisa</u> o de una <u>ordenada</u>.
- **Línea de referencia**: Ver: <u>Línea automecoica</u>.
- **Línea de ribera**: Línea imaginaria que indica el terreno no sumergido por las aguas continentales.
- **Línea de rumbo**: Ver: <u>Loxodrómica</u>.
- **Línea de rumbo**: Es la línea de viaje planificada desde el punto de partida al de destino. La derrota si la navegación es ortodoxa.
- **Línea geodésica**: Línea imaginaria que en una superficie indica la distancia más corta entre dos puntos. Nota: En el elipsoide se representa por la <u>ortodromia</u>.
- **Línea isométrica**: Ver: <u>Isopleta</u>.
- **Litografía**: Sistema de impresión planográfica basado en la repulsa mutua que se produce entre el agua y las tintas grasas.
- **Localización**: Situación de un punto o de un fenómeno en un <u>mapa</u> utilizando la red geográfica o la cuadrícula.
- **Localización**: Variable visual definida por el lugar relativo que ocupa un signo.
- **Longitud**: Distancia angular entre un punto de la superficie terrestre y el meridiano 0 grados de Greenwich o cualquier otro meridiano que se quiera tomar como origen a partir del cual se medirá hasta llegar a un máximo en los 180 grados hacia el este o hacia el oeste. Para calcular la longitud de un punto con precisión actualmente se utiliza el <u>método de Mayer</u>.
- **Look**: Ver: <u>Captura</u>.

• **Loxodromia**: Línea que sobre un globo corta todos los meridianos con un mismo ángulo formando una especie de espiral esférica a excepción de cuando coincide exactamente con un meridiano o paralelo. Sinónimo complementario: Línea de rumbo. Nota: En los mapas dibujados en la proyección de Mercator queda siempre representada por una línea recta ya que esta proyección ha sido concebida expresamente para que cumpla esta condición. Es un concepto opuesto a la ortodromia.

• **Loxodrómica**: Ver: Loxodrómico.

• **Loxodrómico**: Relativo o perteneciente a la loxodromia.

LL

LL

M

- **M.**: Abreviación de <u>metro</u>.
- **Magnitud**: Variable visual definida por las dimensiones del signo.
- **<u>Mapa</u>**: Representación convencional, generalmente plana y con posiciones relativas, gráfica de una porción de superficie terrestre o de fenómenos concretos o abstractos localizables en el espacio y que se elabora según a una determinada <u>escala</u> y <u>proyección</u>.
- **Mapa a margen perdido**: Mapa totalmente parcial sin margen de forma tal que el espacio cartografiado llega hasta el límite de la hoja.
- **Mapa actual**: Mapa que representa los datos topográficos y geográficos más recientes.
- **Mapa administrativo**: Mapa que representa los hechos principales de la organización administrativa de un territorio especialmente las cuestiones relativas a las fronteras, divisiones y capitales.
- **Mapa analítico**: <u>Mapa temático</u> que representa los elementos de un fenómeno.
- **Mapa anamórfico**: Mapa en el que los territorios se modifican con el objeto que sus superficies resulten proporcionales a las magnitudes de un fenómeno que se quiere representar procurando que se mantenga la contigüidad y las configuraciones de los territorios.
- **Mapa anticuado**: Mapa que tiene un conjunto de detalles que ya no corresponden, en gran parte, con la realidad topográfica y geográfica actual.

- **Mapa auxiliar:** Mapa anexo a otro que lo complementa. Nota: Se sitúa en la misma hoja normalmente y se suele representar en una escala diferente que normalmente es más pequeña.
- **Mapa auxiliar adyacente**: Mapa auxiliar que representa, generalmente a la misma escala, una zona limítrofe a la del mapa principal.
- **Mapa batimétrico**: Mapa hidrográfico que representa el relieve de zonas submergidas.
- **Mapa catastral**: Mapa que representa los límites de la propiedad de la tierra. Sinónimo complementario: plano catastral.
- **Mapa clave**: Ver: Mapa índice.
- **Mapa continental**: Mapa que representa todo un continente normalmente a una escala comprendida entre 1:20.000.000 y 1:50.000.000.
- **Mapa corocromático**: Mapa en el que se marcan áreas cualitativamente diferentes mediante tramas o colores.
- **Mapa corográfico**: Mapa topográfico elaborado a una escala suficientemente pequeña para poder representar grandes conjuntos del territorio de una región, de un conjunto de regiones o de un continente.
- **Mapa cualitativo**: Mapa temático que representa la distribución de fenómenos atendiendo a su carácter nominal o conceptual.
- **Mapa cuantitativo**: Mapa temático que representa la distribución de fenómenos y hechos de acuerdo con su importancia numérica expresada de forma absoluta o relativa.
- **Mapa dasimétrico**: Mapa de coropletas en el que las áreas estadísticas se subdividen en áreas de homogeneidad relativa basándose en informaciones complementarias. Nota: es un

mapa utilizado principalmente para representar densidades de población.

• **Mapa de base**: Mapa reproducido totalmente o parcialmente en uno o diversos colores que sirve para sobreponer en él datos temáticos.

• **Mapa de base**: Mapa inicial que resulta de un levantamiento topográfico o fotogramétrico. Por ejemplo: el mapa topográfico estatal. Nota: generalmente se trata de un documento oficial a gran escala del que posteriormente se formaran el resto de los mapas. Es un concepto opuesto a mapa derivado.

• **Mapa de carreteras**: Mapa que representa fundamentalmente las carreteras que se muestran clasificadas en categorías según sea su importancia viaria.

• **Mapa de coropletas**: Mapa temático que representa la distribución espacial de un fenómeno mediante tramas o diferentes tonos de color o de gris en la que la gradación de intensidad expresa diferentes intervalos de un fenómeno en unidades territoriales, administrativas o convencionales.

• **Mapa de corrientes**: Mapa que representa la velocidad y la dirección de las corrientes marinas.

• **Mapa de cotas**: Ver: hoja de cotas.

• **Mapa de cuadrícula**: Mapa que tiene una cuadrícula superpuesta o indicada en su marco.

• **Mapa de curvas batimétricas**: Mapa batimétrico que representa el relieve de las profundidades subacuáticas mediante el uso de isobatas.

• **Mapa de curvas de nivel**: Mapa que representa un relieve mediante curvas de nivel.

• **Mapa de estrella**: Planisferio que representa la superficie de un globo en forma de estrella. Nota: En este tipo de mapa la proyección se ha realizado a partir de dos definiciones matemáticas diferentes que suele ser una para la parte central y la otra para las puntas de la estrella.

• **Mapa de ferrocarriles**: Mapa itinerario que representa la red de ferroviaria, las estaciones y apeaderos y las infraestructuras ferroviarias o que sean de interés para los usuarios.

• **Mapa de flujos**: Mapa temático que representa las direcciones de movimiento mediante líneas de ancho variable, proporcionales a su importancia y esquematizadas de acuerdo con el trazado. Sinónimo complementario: mapa de líneas de flujo.

• **Mapa de franjas**: Mapa temático en el que se ha dividido la superficie de cada unidad territorial en franjas paralelas y de superficie proporcional a los valores sectoriales del fenómeno representado.

• **Mapa de frecuencias**: Mapa temático que representa el número de veces que un hecho o un fenómeno se manifiesta en una zona o lugar determinados.

• **Mapa de husos**: Mapa que representa su campo mediante unos husos que normalmente están unidos en los puntos del ecuador o en los de los polos.

• **Mapa de husos horarios**: Planisferio que representa los husos horarios.

• **Mapa de intensidades**: Mapa temático que representa los fenómenos de acuerdo con el grado de fuerza o de actividad.

• **Mapa de isopletas**: Mapa que representa las variaciones de un fenómeno mediante el uso de isopletas.

• **Mapa de la Luna**: Mapa que representa la superficie de la Luna.

• **Mapa de líneas**: Mapa que tiene su representación gráfica hecha a base de líneas.

• **Mapa de líneas aéreas**: Mapa itinerario que representa las rutas de las líneas aéreas regulares.

• **Mapa de líneas de flujo**: Ver: Mapa de flujos.

• **Mapa de líneas de navegación marítima**: Mapa itinerario que representa las rutas marítimas regulares y, a menudo, también las fluviales.

• **Mapa de Mercator**: Mapa establecido en la proyección de Mercator.

• **Mapa de normales**: Mapa que representa un relieve mediante normales.

• **Mapa de orientación**: Mapa que representa elementos topográficos seleccionados con el objeto de poder realizar una interpretación rápida y sencilla de la propia localización y de otros elementos o lugares significativos. Se utiliza para poder seguir alguna ruta.

• **Mapa de pendientes**: Mapa temático que, mediante cualquier sistema gráfico, representa los diferentes grados de pendiente de un territorio.

• **Mapa de previsión**: Mapa que representa la situación o evolución probable de los fenómenos determinados para un periodo o una fecha futura.

• **Mapa de puntos**: Mapa temático cuantitativo en el que la distribución de un objeto o fenómeno es representada por puntos.

• **Mapa de situación**: Mapa, generalmente a pequeña escala, que indica la situación de una zona o de una hoja cartográfica dentro de un territorio mayor.

• **Mapa de superficie**: Ver: mapa del tiempo de superficie.

• **Mapa de tintas batimétricas**: Mapa batimétrico que representa las zonas submergidas mediante diferentes graduaciones de color.

- **Mapa de tintas hipsométricas**: <u>Mapa topográfico</u> que representa la altura mediante diferentes graduaciones de color.

- **Mapa de topografía relativa**: Mapa del tiempo que representa el espesor o las diferencias de altitud entre dos niveles de presión.

- **Mapa del cielo**: Ver: <u>planisferio celeste</u>.

- **Mapa del mundo**: Mapa que representa toda o buena parte de la superficie terrestre.

- **Mapa del relieve**: <u>Mapa orográfico</u> que representa el relieve mediante diversos métodos que normalmente son de efecto plástico.

- **Mapa del tiempo**: Mapa que representa los valores de algunos elementos meteorológicos, en especial la presión, los fenómenos atmosféricos y los frentes en un momento determinado.

- **Mapa del tiempo de altitud**: Mapa del tiempo que representa, mediante isohipsas, las alturas en la que hay una presión determinada y, mediante isotermas, las temperaturas en estas alturas.

- **Mapa del tiempo de superficie**: Mapa del tiempo que representa, básicamente, las presiones en superficie reducidas al nivel del mar, mediante isobaras, con su valor y el símbolo de las configuraciones principales y los frentes.

- **Mapa densimétrico**: <u>Mapa temático</u> que representa la distribución de un hecho o de un fenómeno con datos cuantitativos referidos a una unidad de superficie.

- **Mapa derivado**: Mapa que se ha obtenido a partir de un mapa considerado como principal, con o sin reducción de la escala, directamente de uno o diversos mapas de base o a partir de otros mapas derivados. Nota: es un concepto opuesto al de mapa base.

• **Mapa diagramático**: Ver: cartodiagrama.

• **Mapa diagramático de barras**: Mapa temático que representa un hecho o un fenómeno distribuido territorialmente mediante una o más barras de altura siendo éstas proporcionales a su valor que se va a representar.

• **Mapa diagramático de cuadrados**: Mapa temático que representa la superficie de cada unidad territorial dividida en cuadrados que se cubren de tramas o colores diferentes de forma tal que el número de cuadrados de cada tipo sea proporcional a los valores parciales de los fenómenos representados.

• **Mapa didáctico**: Mapa elaborado con finalidades instructivas.

• **Mapa en blanco y negro**: Mapa monocromo que ha sido impreso en negro, o valores de gris, sobre un fondo blanco.

• **Mapa en el texto**: Mapa impreso en el cuerpo de un texto, un artículo o un libro. Nota: Es un concepto opuesto al de mapa de fuera de texto.

• **Mapa en gris**: Mapa monocromo impreso en gris suave utilizado el color tanto como base de fondo como de trabajo.

• **Mapa en perspectiva**: Mapa en el que se ha utilizado una perspectiva para la representación de un territorio.

• **Mapa en relieve**: Mapa topográfico elaborado en tres dimensiones.

• **Mapa escolar**: Mapa didáctico elaborado y preparado para ser usado en las escuelas.

• **Mapa esquemático**: Mapa con una representación cartográfica muy simplificada.

• **Mapa estadístico**: <u>Mapa temático</u> que representa datos estadísticos normalmente a partir de las unidades territoriales políticas y administrativas.

• **Mapa exagerado**: Mapa que representa determinados fenómenos de tal forma que hace que adquieran más importancia de la que tienen en realidad.

• **Mapa fascímil**: Mapa que reproduce fielmente un mapa antiguo.

• **Mapa fantástico**: Mapa que representa objetos y fenómenos inexistentes o que no se encuentran localizables en la forma y las características en las que se expresan.

• **Mapa fenológico**: <u>Mapa temático</u> que representa las manifestaciones estacionales o periódicas de los seres vivos. Ejemplo: un mapa de la migración de las ballenas.

• **Mapa físico**: Mapa, generalmente a pequeña escala, que representa los rasgos fisiográficos principales de un territorio.

• **Mapa fisiográfico**: <u>Mapa morfográfico</u> que representa las características del relieve a grandes rasgos de una forma figurativa y simplificada utilizando una perspectiva oblicua.

• **Mapa fuera de texto**: Mapa suelto que acompaña un texto, un libro o un artículo. Nota: Es un término opuesto al de mapa en el texto.

• **Mapa general**: Mapa que representa un conjunto de fenómenos geográficos básicos y diversos tales como las costas, la hidrografía, el relieve, las poblaciones, las carreteras, los límites administrativos, la toponímia, etc. Nota: los mapas generales de gran escala de áreas terrestres suelen denominarse mapas topográficos. Unos y otros se consideran habitualmente complementarios y opuestos a los mapas temáticos.

• **Mapa geomorfológico**: <u>Mapa temático</u> que representa las formas del relieve según su génesis, las dimensiones, los tipos y sus relaciones con la estructura y su dinámica. Sinónimo complementario: mapa morfológico.

• **Mapa geopolítico**: Mapa que, mediante una simbología adecuada, representa teorías y hechos de la geopolítica.

• **Mapa hidrográfico**: Mapa que representa, fundamentalmente, los cursos de los ríos y las superficies con agua.

• **Mapa hipsométrico**: Mapa que representa, fundamentalmente, la altitud de un territorio.

• **Mapa histórico**: Mapa temático que representa los acontecimientos y fenómenos históricos.

• **Mapa ilustrado**: Mapa en el que se hace uso de los dibujos o fotografías en lugar de símbolos cartográficos.

• **Mapa incunable**: Mapa antiguo impreso en los primeros tiempos de la existencia de la imprenta.

• **Mapa independiente**: Mapa que constituye una unidad bibliográfica con un solo tema o título.

• **Mapa índice**: Mapa general donde se sitúan esquemáticamente los diferentes mapas incluidos en una serie o atlas y en los que se indica la página o referencia de localización. Sinónimo complementario: Mapa llave.

• **Mapa inventario**: Mapa que representa de forma exhaustiva la distribución geográfica de un fenómeno determinado.

• **Mapa itinerario**: Mapa que representa la red de vías de comunicación y que se añade, normalmente, las distancias entre los diferentes puntos clave.

• **Mapa jeroglífico**: Mapa elaborado de forma tal que resulte enigmático y difícil de descifrar.

• **Mapa mental**: Imagen cartográfica de un territorio, más o menos distorsionada, que se tiene en el pensamiento.

- **Mapa minero**: Mapa a gran escala que representa la situación y la extensión de una área de explotación minera en la que se describe tanto sus formas topográficas externas como sus estructuras subterráneas. Nota: a menudo una serie de cortes o secciones verticales completan la información cartográfica.
- **Mapa monocromo**: Mapa impreso en un solo color.
- **Mapa morfográfico**: Mapa temático que representa las formas de un terreno de acuerdo con su aspecto.
- **Mapa morfológico**: Ver: mapa geomorfológico.
- **Mapa morfométrico**: Mapa temático que representa las formas de un relieve de una forma cuantitativa ya sea en valores absolutos o relativos. Nota: muchos mapas de pendientes son mapas morfométricos.
- **Mapa mural**: Mapa de grandes dimensiones que representa una información muy útil generalizada y que se puede leer desde una cierta distancia.
- **Mapa mudo**: Mapa que no tiene toponimia y cualquier otro elemento de información escrita.
- **Mapa nacional**: Mapa que representa un territorio de una nación o de un estado normalmente a una escala comprendida entre 1:5000000 y 1:20000000.
- **Mapa numérico**: Imagen digital de un fenómeno o de un accidente geográfico conservada en hojas cartográficas, cintas magnéticas, disketes o en otro soporte para su tratamiento informático.
- **Mapa oficial**: Mapa elaborado por un organismo oficial.
- **Mapa original**: Mapa a partir del cual se obtienen otros mapas. Nota: en particular se consideran mapas originales los mapas obtenidos por la representación de estudios originales.

• **Mapa orográfico**: Mapa que representa la configuración física de un relieve mediante tintas hipsométricas, sombreados o cualquier otra técnica.

• **Mapa pictórico**: Mapa que representa los accidentes topográficos, los objetos o los fenómenos mediante signos pictóricos en lugar de utilizar los signos convencionales habituales.

• **Mapa pictórico del relieve**: Mapa que representa el relieve y cualquier otro accidente topográfico en posición planimétrica aproximada utilizando signos pictóricos la cual cosa hace que se de una sensación parecida a la de una perspectiva oblicua.

• **Mapa planimétrico**: Mapa topográfico en el que no se representa el relieve.

• **Mapa plegable**: Mapa que se puede doblar para facilitar su conservación y consulta.

• **Mapa pluviométrico**: Mapa temático que representa la cantidad y distribución de las precipitaciones caídas en un territorio y en un periodo de tiempo determinado.

• **Mapa polícromo**: Mapa impreso en diversos colores.

• **Mapa político**: Mapa, generalmente a pequeña escala que representa las divisiones políticas y administrativas de un territorio que se diferencian normalmente usando diferentes tintas para ello.

• **Mapa primitivo**: Mapa realizado antes de los primeros levantamientos topográficos realizados sistemáticamente y con precisión.

• **Mapa principal**: Mapa que constituye un elemento esencial de una hoja cartográfica y que suele ir complementado con uno o varios mapas auxiliares.

• **Mapa regional**: Mapa que representa una región o una parte de un territorio a una escala normalmente comprendida entre 1:1000000 y 1:5000000.

• **Mapa sinóptico**: Mapa temático que representa dos o más tipos de fenómenos con el objeto de expresar sus relaciones funcionales. Por ejemplo: un mapa del tiempo.

• **Mapa sintético**: Mapa temático que a partir de un objetivo preciso representa un fenómeno en su conjunto a través de sus relaciones internas.

• **Mapa temático**: Mapa que, sobre una base topográfica elemental de referencia, destaca, mediante la utilización de diversos recursos de las técnicas cartográfica, correlaciones, valoraciones o estructuras de distribución de algún tema concreto y específico. Nota: convencionalmente el mapa topográfico y toda la cartografía general son considerados complementarios, incluso opuestos al mapa temático.

• **Mapa topográfico**: Mapa que representa la planimetría y la altimetría de las formas y dimensiones de elementos concretos, fijos y duraderos de una zona determinada de la superficie de un terreno.

• **Mapa topográfico nacional**: Mapa topográfico, generalmente a escala 1:50000 o 1:25000, que sirve de mapa de base del territorio de una nación o de un estado.

• **Mapa transparente**: Mapa impreso sobre un material transparente o translúcido que se superpone a uno o diversos mapas que tienen el mismo campo y escala con el objeto, principalmente, de complementar la información.

• **Mapa turístico**: Mapa que incluye información útil para el turismo relativa a la localización urbana y a las vías de comunicación destacando los puntos de interés histórico, paisajístico, etc.

• **Mapamundi**: Representación cartográfica plana del conjunto del globo terrestre en el que muy a menudo se representan los dos hemisferios de forma diferenciada.

• **Maqueta**: Representación en tres dimensiones, normalmente a gran escala, de un lugar o de un conjunto topográfico.

• **Maqueta**: Proyecto de composición y compaginación de un mapa o de una serie de mapas.

• **Marca de cuadrícula**: Segmento corto que se sitúa en el margen de un marco para indicar el inicio de una cuadrícula cuando ésta no es representada de forma completa.

• **Marca de red geográfica**: Segmento corto que se sitúa en el margen de un marco con el objeto de indicar dónde se inicia la línea de los meridianos y los paralelos cuando éstos no son representados de una forma completa en el mapa.

• **Marca de registro**: Cada una de las cruces o señales que se aplican a diferentes películas o calcos cartográficos y que son utilizados en las artes gráficas para asegurar una perfecta superposición.

• **Marca fiducial**: Cada una de las señales de referencia que aparecen en los márgenes de las fotografías aéreas realizadas por la misma cámara fotográfica. Nota: La inserción de las líneas resultantes de unir las marcas fiduciales opuestas determina el punto principal de la fotografía.

• **Marco de graduación**: Línea de un marco próxima al campo del mapa destinada a la colocación de anotaciones graduadas tales como las coordenadas geográficas y la designación de la cuadrícula de la proyección.

• **Marco del mapa**: Conjunto de líneas que encuadran una superficie cartografiada.

• **Marco interior**: Línea interior del marco de un mapa que forma parte de la cuadrícula o de la red geográfica.

• **Margen del mapa**: Parte de un mapa situado fuera del marco más externo.

• **Máscara**: Lámina usada en un laboratorio fotográfico para evitar la exposición de determinadas zonas de una película sensible.

• **Mayday mike**: Es un aparato de socorro que combina la señal VHF/GPS emitiendo un mensaje MAYDAY y la posición exacta GPS en el momento de activarlo.

• **MDE**: Ver: Modelo digital de elevación.

• **MDT**: Ver: Modelo digital del terreno.

• **Media tinta**: Imagen con un aspecto de tono continuo en la que las graduaciones de su valor se han convertido en puntos diminutos de grosores variables o en líneas de grosor variable con la finalidad de poder imprimir mediante una plancha.

• **Medición topográfica**: Operación que consiste en determinar las dimensiones de un terreno.

• **Medir**: Determinar una magnitud lineal.

• **Memoria descriptiva**: Texto explicativo que acompaña a un mapa y que explica la metodología utilizada para su realización junto con una narración justificativa de sus contenidos.

• **Meridiano**: Sinónimo: Circunferencia meridiana.

• **Meridiano cero**: Ver: meridiano inicial.

• **Meridiano de El Hierro**: El meridiano de El Hierro fue uno de los más usados hasta el cambio definitivo por la ciudad de Greenwich en 1885, durante una conferencia en Washington. Por eso, la isla de El Hierro, situada en las Islas Canarias, también es conocida como la Isla del Meridiano. Los franceses establecieron el meridiano inicial en dicho punto en 1634. En 1724 se realizó desde ese país un viaje para establecer su situación exacta. En muchos mapas de los siglos XVI y XVII aparece el meridiano de la Punta de Orchilla, situada en la Isla de El Hierro, como meridiano cero. El faro fue construido encima de la línea que representaba dicho meridiano. Sus coordenadas GPS (WGS84) son: 27 grados 42 minutos 3 segundos latitud Norte, 18 grados 8 minutos 7 segundos longitud Oeste. Sus coordenadas UTM son: X=189606 Y=3068675.

• **Meridiano de Greenwich**: Meridiano inicial que pasa por el antiguo observatorio de Greenwich situado en la Gran Bretaña. Es el meridiano que actualmente está más aceptado como referencia a nivel internacional. Se adoptó como referencia en una conferencia internacional celebrada en 1884 en Washington. La línea opuesta al meridiano de Greenwich, es decir, la semicircunferencia que completa una vuelta al Mundo, corresponde a la línea internacional de cambio de fecha, que atraviesa el océano Pacífico. Por razones prácticas, no tener varios husos horarios en algunos archipiélagos, se ha adaptado esta línea a la geografía (ya no es recta en la superficie del globo), al igual que otras que limitan usos horarios, por lo que no coinciden con los meridianos.

• **Meridiano de Madrid**: Meridiano inicial que pasa por el observatorio de Madrid que se encuentra en la calle Alfonso XII, 3 y 5 (al lado de El Retiro). Muchos planos y mapas de finales del siglo XIX y principios del XX toman como longitud de referencia geográfica-geodésica el meridiano de Madrid (meridiano del Observatorio de Madrid) en vez de utilizar el de Greenwich que es el estándar hoy día. Está situado a 3 grados 41 minutos 16,5 segundos al oeste del meridiano de Greenwich.

• **Meridiano de París**: Meridiano inicial que pasa por París, establecido en 1667 por los cartógrafos de Luis XIV como punto de referencia para que los viajeros del mundo calcularan su posición en el planeta (al menos hasta 1884, cuando los británicos implantaron el meridiano de Greenwich). Está situado a 2 grados 20 minutos 14,025 segundos al oeste del meridiano de Greenwich.

• **Meridiano inferior**: Ver: antimeridiano.

• **Meridiano inicial**: Meridiano que convencionalmente se toma como origen para determinar, ya sea al este o al oeste, la longitud geográfica de cada uno de los puntos de la Tierra. Sinónimo complementario: meridiano de origen, meridiano cero.

• **Meridiano límite**: Línea que forma parte del marco interior de un mapa y que pertenece a la red geográfica.

• **Meridiano límite del huso**: Meridiano que limita un huso por el este o por el oeste. Sinónimo complementario: límite del huso.

• **Meridiano origen**: Ver: meridiano inicial.

• **Meridiano principal:** Meridiano central de una zona de un huso que sirve como eje de ordenadas en un sistema de coordenadas.

• **Mesa de dibujo**: Mesa montada sobre unos soportes regulables que permiten ponerla horizontal o inclinada y que se utiliza para dibujar, trazar mapas o figuras.

• **Mesa luminosa**: Mesa con un tablero traslúcido iluminado por debajo con una luz difusa y de intensidad uniforme.

• **Metacartografía**: Estudio de las propiedades de los mapas considerados de forma abstracta y por ellos mismos como un medio de expresión.

• **METEOSAT**: Conjunto de satélites europeos geoestacionarios destinados a captar la información meteorológica. Nota: El primer satélite Meteosat se puso en órbita el año 1977. Estos satélites, situados en órbitas muy distantes de la Tierra, trabajan en bandas espectrales diferentes y, junto con otros de diferentes nacionalidades, forman un sistema mundial completo de observación.

• **Método de diagramas**: Representación de un fenómeno mediante diagramas o cartogramas.

• **Método de Mayer**: Sistema para calcular la longitud de un punto a partir de las posiciones de las estrellas y, en especial, del Sol y la Luna.

• **Método de puntos**: Representación de un fenómeno mediante puntos uniformes y del mismo valor repartidos, regularmente o no, en la superficie del espacio en el que se produce.

• **Método de tramas**: Representación coroplética en la que se utilizan diferentes valores de una trama referidas a superficies de límites establecidos.

• Metro: Unidad de longitud del sistema decimal internacional igual a la longitud del trayecto realizada en el vacío por la luz durante 1/299792458 segundos. Abreviadamente: m. Nota: Esta definición fue establecida en la 17a Conferencia General de Pesos y Medidas (de octubre de 1983) y substituye a todas las realizadas anteriormente.

Se consideran antiguas, pues, aquellas definiciones conocidas como la de que el metro es:

- Desde 1790: la diezmillonésima parte de un cuadrante de meridiano terrestre.

- Desde 1889: la distancia a 0 grados centígrados entre dos marcas trazadas en una barra de platino iridiado (90% de platino y 10% de iridio), de sección en forma de X, conservada en la sede del Bureau International des Poids et Mesures francés (en Sèvres).

- Desde 1960: la longitud igual a 1650763,73 longitudes de onda en el vacío de la radiación correspondiente a la transición entre los niveles 2p(10) y 5d(5), color naranja, del átomo de kriptón 86 (definición establecida en la 11 conferencia general de Pesos y Medidas).

Cronología del metro:

- En 1799: se mide el meridiano de Dunquerque a Barcelona para determinar su tamaño y deducir el metro por Delambre y Méchain. El resultado se conoce como el *metro de los archivos*.
- En 1801: Francia acuerda la utilización obligatoria del metro como unidad de medida.
- En 1875: 35 países acuerdan utilizar el sistema métrico.

• **Micra**: Unidad de longitud igual a la millonésima parte de un metro.

• **MI**: Ver: Milla terrestre.

• **Micrómetro**: Unidad de longitud equivalente a la millonésima parte de un metro. Nota: Esta unidad se denominaba antiguamente micrón.

• **Miliario**: Unidad de longitud antigua utilizada en la época romana equivalente a 1481 metros aproximadamente. Se denomina también milla romana.

• **Milla árabe**: Unidad de longitud equivalente a 1943 metros.

• **Milla inglesa**: Ver: Milla terrestre.

• **Milla marina**: Unidad de longitud utilizada en la marina y que equivale a 1852 metros o 6076,1 pies. Sinónimo: Milla náutica.

• **Milla náutica**: Sinónimo de milla marina.

• **Milla terrestre**: Unidad de medida terrestre inglesa que equivale a 1609,3 metros, 1760 yardas o 5280 pies. Sinónimo complementario: Milla inglesa. Abreviadamente: mi.

• **Mina**: Barra interior de un lápiz o de un portaminas compuesta básicamente de grafito y yeso junto con algún aglutinante que sirve tanto para dibujar como para escribir. Nota: Se fabrican minas con diferentes grosores y durezas debidamente codificadas. En dibujo técnico se utilizan preferentemente las minas duras y delgadas.

• **Minuta**: Documento original de un mapa, preciso y con toda la información completa, que ha de servir de base para realizar el mapa original y definitivo.

• **Mira**: Parte de un instrumento óptico que sirve para dirigir una visual.

• **Mira**: Regla, generalmente graduada milimétricamente y de 4 metros de longitud, que se coloca verticalmente en los puntos de un terreno que se quiere cartografiar con el objeto de dirigir visuales con un aparato topográfico y saber, así, los ángulos y distancias de la estación a los puntos.

• **Modelo digital de elevación**: Modelo digital del terreno determinado específicamente mediante una red regular de cotas de altitud. Sinónimo complementario: MDE.

• **Modelo digital del terreno**: Determinación de la superficie de un territorio mediante un conjunto denso de puntos topográficos en el que sus coordenadas son registradas digitalmente para poder ser procesadas y obtener así las curvas de nivel, perfiles topográficos, bloques diagrama, etc. Abreviadamente: MDT.

• **Modelo digital del terreno**: Determinación numérica del relieve de un territorio utilizando datos de listados o de la información de cotas de altitud, curvas de nivel, líneas de crestas y fondos de valles. Abreviadamente: MDT.

• **Modificación aislada**: Ver: Adición aislada.

• **Mojón**: Piedra o poste que se ubica en el límite de una propiedad. Sinónimo: Hito.

• **Mosaico fotográfico**: Sinónimo de fotomosaico.

• **MSS**: Ver: Multiespectral escáner.

• **Muaré**: Efecto óptico de aguas o retículos geométricos, generalmente no deseados, que aparece al superponer dos tramas en ángulos diferentes e inadecuados.

• **Muestra de mapa**: Fragmento de un mapa reproducido por separado.

• **Multiespectral**: Que capta por separado diversas bandas del espectro electromagnético.

• **Multiespectral escáner**: Conjunto de sistemas de sensores de barrido multiespectral que van incorporados en los satélites de la serie Landsat. Abreviadamente: MSS.

N

• **Nadir**: Punto de la esfera celeste opuesto diametralmente al cenit.

• **Nivel de burbuja**: Dispositivo que sirve para determinar la horizontalidad de una línea o de un plano que se incorpora en todos los aparatos de topografía y de geodesia. Nota: Según sea la forma del recipiente el nivel se denomina tórico (para determinar la horizontalidad de una línea) o esférico (para determinar la horizontalidad de un plano).

• **Nivel del mar**: En un país, nivel medio del mar fijado convencionalmente y a partir del cual se calculan todas las cotas de altitud que figuran en la cartografía oficial. En España, el nivel medio tomado como cota cero es el obtenido en el mareógrafo de Alicante. El nivel relativo del mar con respecto a la Tierra, a escala geológica, está sometido a movimientos de alza (positivos) o de descenso (negativos). Ello puede ser el resultado de movimientos sísmicos, variación de la carga isostática (ver isostasia) y de la variación del nivel eustático (ver eustasia).

• **Nivel topográfico**: Instrumento topográfico destinado a garantizar la horizontalidad de las visuales y a poder determinar diferencias de alturas o cotas entre los diferentes puntos de un terreno.

• **Nivelación**: Conjunto de operaciones destinadas a calcular las diferencias de altitud entre dos o más puntos de un terreno en relación con un plano de referencia horizontal. Según el método usado será barométrica, geométrica o trigonométrica.

• **Nivelación barométrica**: Nivelación que se basa en la medida del gradiente de la presión atmosférica con relación a la altura. Nota: No es un método muy preciso.

• **Nivelación geométrica**: Nivelación directa que consiste en determinar la diferencia de alturas entre dos puntos dirigiendo visuales horizontales a las miras colocadas en los diferentes puntos. Nota: Es un método de gran precisión.

• **Nivelación trigonométrica**: Nivelación indirecta que consiste en medir el ángulo que forma el horizontal con la visual inclinada que une los puntos a nivelar.

• **Nivelamiento**: Ver: Nivelación.

• **Nivelar**: Determinar las alturas de diferentes puntos de un terreno.

• **NMEA**: Iniciales de National Maritime Electronics Association que es una asociación norteamericana que establece los standards mundiales para que los instrumentos electrónicos puedan ser compatibles.

• **NOAA**: Serie de satélites destinados a la detección de información meteorológica. Nota: Los NOAA (National Oceanic and Atmospheric Administration Satellite) son los que siguieron a los de la serie Tiros (el Tiros VI fue el último). Tienen un ciclo de cobertura temporal muy corto pudiendo realizar una imagen cada 12 horas en nuestras latitudes. Este impedimento se puede mejorar a 6 horas con la sincronización de dos satélites que operan simultáneamente. El sensor más interesante que incorpora es el AVHRR (Advanced Very High Resolution Radiometer) que está preparado para proporcionar imágenes con una resolución de 1,1 Km. Debido a su buena cobertura temporal y su bajo coste el sensor AVHRR tiene un gran interés para los estudios ambientales que se realizan en una escala pequeña.

• **Nomenclátor**: Lista alfabética de lugares en la que se da su posición, bien en términos de latitud y longitud o bien empleando un canevás o una cuadrícula de referencia.

• **Nomógrafo**: Método gráfico para resolver las funciones de tres o más variables. La gráfica consiste en una serie de tres o más escalas relacionadas entre sí realizadas en cualquier tipo de papel de gráficas de forma que los valores se leen inmediatamente después de trazar una línea que pase por las variables.

• **Nonio**: Instrumento de lectura consistente en una pequeña regla auxiliar graduada que permite mejorar la precisión de muchos aparatos destinados a medir magnitudes lineales y angulares. Sinónimo complementario: Vernier.

• **Normal**: Cada uno de los segmentos que representan las líneas de máxima pendiente y que reproducen las formas de un relieve según un determinado acuerdo convencional. Nota: Se usa generalmente en plural.

• **Normal de configuración**: Normal que se utiliza para dar una idea aproximada de las formas del relieve sin pretender hacer una representación topográfica.

• **Normal de pendiente**: Normal que se representa m´s corta y más gruesa según sea el ángulo de la pendiente más o menos acusado.

• **Normal de sombra**: Normal que a partir de una iluminación oblicua del terreno se dibuja más fina o más gruesa según las vertientes estén, respectivamente, más o menos iluminadas.

• **Norte**: Punto cardinal que se obtiene de la intersección del eje de rotación de la Tierra con la superficie de ésta en el hemisferio boreal.

• **Norte de cuadrícula**: Dirección de la ordenada de las líneas de una cuadrícula de un mapa. Nota: el norte de la cuadrícula de la red UTM coincide con la del norte geográfico única y exclusivamente en el mismo meridiano principal de cada uno de los husos.

• **Norte del mapa**: Dirección que se indica mediante una flecha orientada hacia el norte.

• **Norte geográfico**: Ver: azimut geográfico.

• **Norte magnético**: Dirección de una aguja imantada hacia el polo norte magnético y que generalmente no coincide nunca con la del norte geográfico. Nota: la dirección de la brújula puede ser diferente a la del norte magnético si recibe otras influencias electromagnéticas además de las del propio magnetismo terrestre.

• **Norte verdadero**: Ver: azimut verdadero.

O

- **Octante**: Instrumento astronómico parecido al <u>sextante</u> con un limbo graduado que tiene un arco de 45 grados
- **Offset**: Técnica de litografía perfeccionada con un cilindro complementario recubierto de caucho que es el que está destinado a la impresión sobre el papel.
- **Opisómetro**: Instrumento que antiguamente se utilizaba para determinar longitudes de líneas curvas en un mapa.
- **Ordenada**: <u>Coordenada</u> correspondiente a la distancia del eje de las abscisas (el eje Y).
- **Orientación**: Variable visual definida por la dirección relativa que adopta un signo.
- **Orientación del mapa**: Ángulo que forma la perpendicular al margen superior de un <u>mapa</u> con su <u>meridiano</u> central.
- **Orientación del mapa**: Situación de un <u>mapa</u> de forma que un punto que se representa en él esté en una dirección que se corresponda con el terreno.
- **Orienteering**: Deporte en el que se combina un recorrido con la orientación..
- **Origen**: Punto a partir del cual se construye un <u>canevás</u> y que suele situarse en la intersección del <u>meridiano</u> central y una línea trazada en ángulo recto respecto a él. Para evitar los valores negativos se traslada hacia el oeste y el sur del sector cubierto por el canevás punto que a veces se denomina <u>falso origen</u>.
- **Orla**: Adorno dibujado en un <u>mapa</u>, a menudo en forma de rollo, en el que se incluye el título, la <u>leyenda</u> y otras informaciones complementarias.

• **Orla**: Cualquier recurso utilizado en cartografía para destacar un recuadro, un margen o un límite.

• **Ortocromática**: Ver: Ortocromático.

• **Ortocromático**: Relativo o perteneciente a la captación de todos los colores del espectro a excepción del rojo y el naranja. Por ejemplo: Una película ortocromática.

• **Ortodromia**: La línea que corresponde a la menor distancia entre dos puntos situados en la superficie de un globo. Nota: Sólo los mapas de proyección gnomónica la ortodromia es representada en línea recta. Frecuentemente se usa como sinónimo de arco de circunferencia máxima aunque algunos autores prefieren reservar este término para las esferas y el de ortodromia para los elipsoides.

• **Ortofotografía**: Documento fotográfico que se obtiene a partir de las fotografías aéreas en las que se les ha corregido las deformaciones perspectivas de la imagen y se ha restituido la imagen del terreno según una proyección ortogonal vertical.

• **Ortofotografía**: Conjunto de procedimientos para la obtención de una ortofotografía.

• **Ortofotomapa**: Fotomapa, obtenido con la unión de ortofotografías, al que se le han dibujado curvas de nivel, toponímia y otras informaciones topográficas.

• **Overedge**: Parte de un mapa que se sale del recuadro.

P

- **P-Code**: El código P es la versión militar del <u>GPS</u> que da posiciones muy precisas a partir de las transmisiones.
- **Página**: Nombre que se usa para denominar cada una de las pantallas del <u>GPS</u>.
- **Palmo cuadrado**: Unidad de superficie antigua catalana equivalente a 0,037781 metros cuadrados. Un metro cuadrado tiene 26,468 palmos cuadrados.
- **Pancromática**: Ver: <u>Pancromático</u>.
- **Pancromático**: Relativo o perteneciente a la captación de todos los colores del espectro. Por ejemplo: una película pancromática.
- **Panorama**: Representación perspectiva de un paisaje proyectado en un plano vertical o en un cilindro vertical en cuyo centro se sitúa el espectador.
- **Panorámica**: Ver: <u>Panorámico</u>.
- **Panorámico**: Relativo o perteneciente al <u>panorama</u>.
- **Pantógrafo**: Instrumento basado en el paralelogramo articulado que sirve para copiar, ampliar o reducir un mapa, una carta, un plano o un dibujo cualquiera.
- **Pantógrafo de modelos en relieve**: <u>Pantógrafo</u> con movimiento en tres dimensiones y con un dispositivo cortante que se utiliza para obtener modelos en relieve realizados en capas escalonadas.
- **Pantografía**: Técnica que consiste en utilizar un <u>pantógrafo</u>.
- **<u>Papel cartográfico</u>**: Papel con características adecuadas para la edición de mapas y cartas.

• **Papel isométrico**: Papel opaco o de calco que tiene impreso tres tipos de líneas que forman 60 grados entre ellas. Nota: se utiliza especialmente para facilitar el dibujo de perspectivas y gráficos isométricos.

• **Papel logarítmico**: Papel opaco o de calco que representa una retícula que sirve de pauta para trazar gráficos cartesianos con valores logarítmicos en los dos ejes de coordenadas.

• **Papel milimetrado**: Papel opaco o de calco que presenta una cuadrícula milimétrica impresa que sirve de pauta para trazar gráficos para todo tipo de dibujo técnico.

• **Papel semilogarítmico**: Papel opaco o de calco que tiene una retícula que sirve de pauta para trazar gráficos cartesianos y en el que uno de los ejes de coordenadas presenta valores logarítmicos y en el otro valores aritméticos.

• **Papel vegetal**: Papel sulfatado translúcido para dibujar que permite el calco y las copias por transmisión.

• **Par estereoscópico**: Juego de dos imágenes, generalmente fotográficas, de un mismo objeto o paisaje tomadas desde puntos de vista diferentes que permiten, mediante un estereoscopio, la visión en relieve.

• **Paralaje**: Cambio aparente en la posición de un objeto o punto respecto a otro cuando se observa desde diferentes lugares. Nota: La paralaje se aprovecha en fotogrametría para restituir la imagen planimétrica y deducir su altimetría.

• **Paralelo**: Cualquier circunferencia paralela al ecuador en la que todos sus puntos tienen la misma latitud.

• **Paralex**: Instrumento formado por una regla que se desplaza paralelamente por la mesa de dibujo guiada por un sistema de rodillos con hilos colocados en los extremos de la regla y que permite trazar líneas paralelas. Nota: Actualmente en algunos paralex disponen de una regla con un mecanismo que le permite girar y trazar líneas con un determinado ángulo conocido.

• **Parasanga**: Unidad de longitud persa equivalente a 5000 metros aproximadamente.

• **Pasada de vuelo fotogramétrico**: Cada una de las trayectorias, generalmente paralelas, de los vuelos fotogramétricos y la secuencia de los fotogramas obtenidos. Sinónimo complementario: Banda de vuelo fotogramétrico.

• **Percepción remota**: Ver: Teledetección.

• Perfil: Dibujo que representa la línea de intersección de un plano vertical imaginario con un objeto o territorio cualquiera.

• **Perfil de mina**: Sección que muestra las relaciones entre los trabajos mineros y las estructuras geológicas.

• **Perfil edáfico**: Sección de un suelo en el que se representan las características principales de cada horizonte edáfico.

• **Perfil topográfico**: Línea de intersección de la superficie de un terreno con un plano vertical. Sinónimo complementario: corte topográfico.

• **Perfiles proyectados**: Representación de una serie de perfiles paralelos y superpuestos en los que sólo se representa la parte que no es tapada por los perfiles más próximos al observador.

• **Perfiles superpuestos**: Representación de una serie de perfiles paralelos que se superponen los unos con los otros como si se tratara de una simple superposición de dibujos.

• **Perigeo**: Punto en la órbita de un planeta situado a la menor distancia de la Tierra. El término se refiere en la actualidad estrictamente a la Luna. Cuando la Luna está en el perigeo se halla a una distancia de la Tierra de 354.000 Km. Opuesto a apogeo.

• **Perihelio**: Posición más próxima al Sol en la órbita de un planeta. El perihelio de la Tierra es el día 3 de enero y está a unos 147 millones de Km. de distancia del Sol. Opuesto a afelio.

• **Perspectiva**: Ver: Perspectivo.

• **Perspectiva**: Representación de un cuerpo tridimensional realizando una proyección sobre un plano.

• **Perspectiva caballera**: Perspectiva que se obtiene mediante una proyección ortográfica.

• **Perspectiva central**: Perspectiva en la que las líneas proyectadas pasan por un punto fijo propio. Sinónimo complementario: perspectiva polar.

• **Perspectiva cónica**: Perspectiva central en la que el centro de proyección representa el ojo del observador.

• **Perspectiva global:** Perspectiva a vista de pájaro de una gran extensión de la superficie de la Tierra, o de algún otro cuerpo celeste, en la que es perceptible la curvatura del horizonte.

• **Perspectiva polar**: Ver: perspectiva central.

• **Perspectivo**: Relativo o perteneciente a la perspectiva.

• **Pictografía**: Escritura mediante pictogramas.

• **Pictográfica**: Ver: Pictográfico.

• **Pictográfico**: Relativo o perteneciente a la pictografía.

• **Pictograma**: Dibujo o jeroglífico que representa o expresa una idea.

• **Pie**: Unidad de longitud utilizada en los países anglosajones. Es equivalente a 1/3 de yarda o a 12 pulgadas. Un pie son 30,48 centímetros. Abreviadamente: ft.

• **Pínula**: Aguja, hilo o pequeña placa metálica agujereada dispuesta verticalmente en el extremo de determinados instrumentos astronómicos y topográficos con el objeto de poder dirigir visuales de alineaciones o poder medir ángulos.

• **Pirámide de edades**: Histograma doble que se utiliza para representar la estructura por edades y sexos de una población.

Nota: Los datos de cada grupo de edad se sitúan según el sexo a uno y otro lado de un eje vertical (los hombres a la izquierda y las mujeres a la derecha). Cada clase de edad se representa por un rectángulo en el que su longitud es proporcional a su valor ya sea en porcentaje sobre la cifra de la población total o en valores absolutos.

• **Píxel**: Unidad percibida de una imagen digital, normalmente es una área muy pequeña, sobre la cual se registra la radiación procedente del área terrestre captada en un instante, y que constituye el elemento pictórico más pequeño de una imagen que es susceptible de ser procesada. Nota: Es un acrónimo del inglés 'picture element'.

• **Plancha**: Lámina metálica o de alguna resina plástica utilizada como matriz en algunos sistemas de impresión como la litografía y el offset obtenida, generalmente, por procedimientos fotográficos o fotomecánicos a partir de un original.

• **Plancheta**: Instrumento topográfico provisto de una alidada que permite dirigir visuales a diferentes puntos que sirve para levantar planos sobre el terreno y que consiste en una base de dibujo montada sobre un trípode que permite orientarlo libremente y sobre la que se fija el papel de dibujo.

• **Planímetro**: Instrumento que sirve para medir las áreas de los mapas y, en general, de las superficies planas.

• **Planimetría**: Rama de la topografía que se ocupa de proyectar los diversos puntos de un terreno sobre un plano para poderlos representar cartográficamente.

• **Planimetría**: Representación cartográfica sin indicar las alturas.

• **Planisferio**: Representación cartográfica plana de la esfera terrestre.

- **Planisferio celeste**: Representación plana de la esfera celeste. Sinónimo: Mapa del cielo. Nota: Habitualmente se realiza en dos hemisferios.
- **Plano**: Mapa a gran escala, normalmente superior a 1:50000. Nota: A pesar de la existencia de cierta ambigüedad en la utilización de los términos 'mapa' y 'plano', conviene reservar este último para las representaciones de territorios donde, por causa de las reducidas dimensiones, no se considera necesaria tener en cuenta la curvatura de la Tierra. Es por este motivo que frecuentemente la escala sirve de elemento diferenciador y un plano es tomado como un mapa a gran escala.
- **Plano catastral**: Ver: Mapa catastral.
- **Plano de referencia**: Ver: Superficie de referencia.
- **Plano topográfico**: Mapa topográfico a gran escala.
- **Plano urbano**: Plano presentado en una o en diversas hojas que representa los accidentes topográficos, las calles, la red de transportes, los edificios importantes u oficiales, etc., de una ciudad o de una aglomeración urbana.
- **Plantilla**: Instrumento de cartón, plástico o metal formado por una pieza llana y delgada contorneada de tal forma que los vacíos que puede tener permiten realizar curvas, dibujos geométricos, letras o cualquier otra figura al reseguirlos con un instrumento de dibujo. Nota: Se fabrican también plantillas flexibles para trazar curvas especiales.
- **Plomada**: Instrumento que sirve para determinar la verticalidad en un punto del terreno consistente en un peso sostenido en el extremo de una cuerda.
- **Ploter**: Ver: Trazador.
- **Plumilla de rotular**: Pluma especial para rotular a mano.
- **Podómetro**: Aparato en forma de reloj de bolsillo que se utiliza para contar los pasos hechos por la persona que lo lleva.

Nota: Esta cuenta de pasos permite calcular, aproximadamente, la longitud caminada si se conoce el tamaño promedio del paso. El podómetro se utiliza en topografía para conocer una distancia de una forma rápida y orientativa siempre que no se exija una gran precisión.

• **Poliéster**: Lámina plástica, generalmente translúcida, de gran estabilidad dimensional y apta para el dibujo y el calco.

• **Portaminas**: Lápiz en el que se hace avanzar la mina accionando algún determinado mecanismo. Nota: Se fabrican para diferentes diámetros de mina principalmente para 0.2, 0.3, 0.5, 0.7 y 0.9 mm.

• **Portulano**: Carta náutica de la Edad Media caracterizada por el sistema radial de loxodromias.

• **Posición**: Lugar en el que se localiza algo que sea objeto de ser cartografiado.

• **Portulano**: Carta náutica de escala cercana al 1:25000 que detalla los puertos, faros y lugares de fondeo.

• **Precesión de los equinoccios**: Cambio que tiene lugar en las posiciones relativas de la eclíptica y del ecuador como resultado de una especie de balanceo del eje de la Tierra. Ello hace que la posición del polo norte celeste parezca efectuar un giro completo en el cielo cada 26000 años. De modo similar, las posiciones de los equinoccios giran alrededor de la eclíptica una vez cada 26000 años.

• **Probabilidad**: En análisis estadístico de datos es la posibilidad que un hecho se dé. Se calcula dividiendo el número de veces en que ocurre este hecho por el número total de casos o pruebas. La probabilidad se expresa generalmente como un porcentaje. Cuando se tiene la certeza absoluta que un hecho sucederá se dice que tiene una probabilidad del 100%.

• **Procesador de imágenes satélite**: Programa informático adecuado para el proceso y el análisis de la información digital procedente de sensores remotos que permite la configuración de imágenes analógicas mejoradas, clasificadas o transformadas en auténticos mapas temáticos.

• **Proyección**: Ver: Proyección cartográfica.

• **Proyección azimutal**: Proyección en la que el globo queda proyectado sobre un plano que es tangente o secante. Sinónimo: Proyección cenital. Nota: Según el punto de tangencia o el centro del círculo secante esté situado en un polo, en el ecuador o en otro lugar cualquier proyección acimutal toma, respectivamente, la posición polar, ecuatorial o la oblicua. Las principales proyecciones azimutales son la gnomónica, la estereográfica y la ortográfica. Algunas proyecciones no automáticamente perspectivas reciben también esta denominación tal como la proyección acimutal equidistante.

• **Proyección acimutal de Lambert**: Ver: Proyección acimutal equivalente.

• **Proyección acimutal equidistante**: Proyección acimutal no perspectiva en la que todas las distancias se mantienen a una escala invariable con respecto al centro de la proyección. Única proyección en la que todos los puntos se encuentran a una distancia y dirección real a partir de su centro. En su forma polar los meridianos son radios a partir del centro de la proyección y están espaciados según la distancia angular que se desea. Los paralelos son círculos concéntricos en los que se prescinde de sus escalas de distancias. La forma ecuatorial se usa poco. El emblema de las Naciones Unidas está realizado en esta proyección. Sinónimo: Proyección cenital equidistante. Nota: Es especialmente útil para representar áreas centradas en aeropuertos, antenas emisoras, etc. Se puede extender hasta cubrir todo el globo.

• **Proyección acimutal equivalente**: Johann Lambert publicó esta proyección en 1772. Proyección acimutal de construcción matemática que conserva las áreas y que se utiliza principalmente en mapas geográficos de pequeña escala principalmente en los mapamundis de dos hemisferios. Proyección que en su forma polar presenta los meridianos como líneas rectas con los ángulos reales mientras que los paralelos son círculos cuyos radios son los meridianos. Esta proyección puede aplicarse también a cualquier parte de la superficie terrestre porque la deformación es simétrica alrededor del punto central a partir del cual irradian los círculos máximos. La forma ecuatorial y oblicua se realizan a partir de las coordenadas de las intersecciones de la retícula que se obtienen mediante tablas. Las direcciones son correctas en el punto central y las distancias a partir de este son reales; es equivalente y presenta una deformación poco importante hasta 30 grados a partir del punto central. Sinónimos: Proyección acimutal de Lambert, proyección cenital equivalente.

• **Proyección afiláctica**: Proyección que sin mantener ninguna de las cualidades de conformidad, de equivalencia ni de equidistancia ofrece una solución de compromiso aceptable para determinados usos.

• **Proyección automecoica**: Ver: Proyección equidistante.

• **Proyección cartográfica**: Cualquier sistema utilizado para transformar la superficie del globo en un plano. Algunas proyecciones se construyen sobre una superficie que pueda extenderse, es decir, un cono o un cilindro que pueda abrirse formando un plano sobre el cual se proyecta una red, de forma geométrica o matemática aunque no ocurra así en muchos casos. Sinónimo: Proyección. Nota: Únicamente algunas proyecciones son auténticas proyecciones perspectivas pero, por extensión, cualquier red de referencia con meridianos y paralelos sobre una red plana recibe esta denominación.

• **Proyección cenital**: La empleó ya Hiparco en el siglo II a.C. Tipo de proyección en la que la esfera aparece proyectada sobre un plano tangente al polo (cenital polar), al ecuador (cenital ecuatorial) o a cualquier punto entre estos (cenital oblicua). Todos los rumbos a partir del centro son reales. Ver: Proyección acimutal.

• **Proyección cenital equidistante**: Ver: Proyección acimutal equidistante.

• **Proyección cenital equivalente**: Ver: Proyección acimutal equivalente.

• **Proyección cilíndrica**: Cualquiera de las proyecciones inspiradas en la perspectiva cilíndrica que sitúa un foco en el centro del globo y utiliza un cilindro tangente o secante a éste como plano de proyección que posteriormente se desarrolla. Nota: Cuando el contacto con el globo se produce en el ecuador o en dos paralelos (posición normal o directa), las características comunes de todas las cilíndricas son los meridianos representados por líneas rectas paralelas equidistantes y perpendiculares a los paralelos, también rectos pero espaciados de forma diferente en cada modalidad de proyección cilíndrica. Cuando el eje del cilindro de proyección es perpendicular al eje norte sur del globo la proyección cilíndrica toma la posición transversal. Cuando la posición no es directa ni transversal se denomina oblicua.

• **Proyección cilíndrica conforme**: Creada por el cartógrafo flamenco Gerhard Kremer que latinizó su nombre en Gerardus

Mercator. Proyección cilíndrica que conserva las formas. Los paralelos son líneas rectas de igual longitud que el ecuador divididos en partes iguales por los meridianos, equidistantes entre sí, que los cortan en ángulo recto. La distancia entre los paralelos aumenta a partir del ecuador para conservar la relación correcta entre latitud y longitud de manera que la deformación aumenta en las altas latitudes. Las divisiones de los meridianos se calculan mediante tablas. Sinónimo: Proyección de Mercator; Proyección de Mercator-Sanson. Nota: Se denomina por antonomasia proyección de Mercator y fue creada por este cartógrafo para elaborar su mapamundi de uso náutico en el año 1569. Es la más conocida. En la posición directa original los paralelos al separarse del ecuador se separan progresivamente de forma matemática con tal de mantener el principio de conformidad (los polos saldrían representados en el infinito). De esta manera cualquier loxodrómica sale representada en línea recta.

• **Proyección cilíndrica de Lambert**: Proyección equivalente que toma el ecuador como paralelo de referencia.

• **Proyección cilíndrica equidistante**: Fue creada por el matemático Osborn M. Miller en 1942. Proyección cilíndrica directa que mantiene invariable la escala sobre los meridianos. Es una proyección muy sencilla que consiste en una retícula de paralelos horizontales y meridianos verticales. Se realiza dividiendo un paralelo base cerca del centro del área cartografiada en partes reales. En un mapamundi el ecuador puede usarse como paralelo base. Los meridianos se trazan verticalmente a través de las divisiones del paralelo base y los meridianos a su vez se dividen a escala real, los restantes paralelos se trazan como líneas horizontales. Si el ecuador es el paralelo base, la retícula consistirá en cuadrados, pero si se toma cualquier otro paralelo base se originarán rectángulos cuya longitud mayor corresponderá a la orientación norte-sur. Esta proyección no es equivalente ni conforme y se usa para mapas de localización de ciudades o estados a gran escala. Reduce las deformaciones de la proyección de Mercator, aunque el contorno de los continentes resulta menos exacto. Sinónimo: Proyección equirectangular. Nota: Como línea de referencia se puede tomar el ecuador o bien dos paralelos homólogos.

• **Proyección cilíndrica equivalente**: Proyección cilíndrica que mantiene la proporcionalidad de las superficies representadas.

• **Proyección cilíndrica simple**: Proyección que tiene el foco en el centro del globo y utiliza un cilindro tangente o secante a este como plano de proyección que posteriormente se desarrolla. Nota: Es la única proyección auténticamente perspectiva. La proyección cilíndrica simple deforma extraordinariamente las áreas aisladas del contacto y no presenta ninguna característica de utilidad si exceptuamos su valor didáctico al inspirar toda la familia de proyecciones cilíndricas.

• **Proyección condensada**: Proyección a la que se le ha aplicado la estrategia de la condensación.

• **Proyección conforme**: Tipo de proyección en la cual, sobre un área reducida, se mantiene la forma real y cuya escala es la misma en cualquier punto y en todas las direcciones. Se denomina también proyección ortomorfa. Es una proyección que representa la cualidad de conformidad. Sinónimo: proyección isogonal, proyección ortomórfica.

• **Proyección cónica**: Proyección inspirada en la perspectiva cónica que sitúa el foco en el centro del globo y utiliza como tangente o secante a éste como plano de proyección que posteriormente se desarrolla. La mayoría de las proyecciones cónicas presentan paralelos circulares concéntricos y algunas tienen los meridianos rectos y otros curvos. En las proyecciones cónicas ordinarias, o simples, el paralelo base seleccionado se traza a escala y se divide a escala real, después, se traza el meridiano central y se divide a escala real y se trazan los otros paralelos concéntricos al paralelo base a través de estas divisiones. La escala es real a lo largo de todos los meridianos y en el paralelo base pero en el resto del mapa es demasiado grande. Nota: Generalmente el eje del cono se hace coincidir con el eje norte sur del globo.

• **Proyección cónica conforme**: Proyección matemática con un paralelo tangente o dos paralelos secantes de referencia. En esta proyección cónica los paralelos son círculos concéntricos y los meridianos líneas rectas dispuestas en forma radial y separadas a intervalos regulares; la escala es real en los dos paralelos base y aumenta hacia el norte y el sur a partir de estos. Este tipo de proyección proporciona direcciones reales en cualquier punto. Los cálculos para realizar esta proyección son complejos y para ello suelen utilizarse tablas. Sinónimo: Proyección de Lambert. Nota: Se utiliza en las cartas aeronáuticas y mapas meteorológicos y en cualquier tipo de mapa en el que la posición relativa sea importante.

• **Proyección cónica con dos paralelos base**: Tipo de proyección cónica con dos paralelos base separados por su distancia verdadera. Todos los paralelos son círculos concéntricos y los meridianos líneas rectas dispuestas en forma radial. La escala en los paralelos base es verdadera, menor entre estos, y aumenta progresivamente al alejarse de ellos para reducir el error de escala como ocurre en la proyección cónica. A veces se denomina, aunque incorrectamente, proyección cónica secante. Los paralelos base se eligen de manera que se adapten a un continente o país determinado.

• **Proyección cónica de Albers**: Proyección equivalente con dos paralelos de referencia obtenida matemáticamente que se utiliza en mapas de pequeña escala para los atlas. Los paralelos son círculos concéntricos más juntos entre sí al norte y sur de los paralelos base. Los meridianos son líneas rectas dispuestas en forma radial con la misma separación entre ellas. La escala se conserva en los paralelos base, es mayor entre estos, y disminuye progresivamente al alejarse de ellos. Las escalas de los meridianos y paralelos presentan una proporción inversa entre sí para obtener las características de equivalencia. La deformación de los continentes es muy pequeña. Sinónimo: Proyección cónica equivalente.

• **Proyección cónica equidistante**: Proyección cónica que mantiene la escala constante sobre todos los meridianos que puede ser hecha con un paralelo de referencia o con dos.

• **Proyección cónica equivalente**: Ver: Proyección cónica de Albers.

• **Proyección cónica equivalente de Lambert**: Creada por Lambert en 1772. Proyección matemática con un paralelo de referencia que se utiliza en mapas de pequeña escala para los atlas. Resulta adecuada para representar continentes.

• **Proyección cónica secante**: Denominación inexacta que a veces se da a la proyección cónica con dos paralelos base. La incorrección se debe a que, en sentido estricto una secante es una línea recta que corta una circunferencia por dos puntos y una verdadera proyección cónica secante tendría, pues, sus dos paralelos base separados por su distancia igual a la longitud de la secante mientras que en la proyección cónica con dos paralelos base estos se hallan separados por una distancia igual a la longitud del arco.

• **Proyección cónica simple**: Empleada ya por Claudio Ptolomeo en el siglo II de nuestra era. Proyección cónica perspectiva que no es conforme, ni equivalente ni equidistante. Nota: Si en lugar de utilizar un paralelo tangente se usa dos de secantes y próximos la distorsión queda atenuada. Aunque es un tipo de proyección muy poco utilizada se emplea en geografía regional (países, partes de los continentes ...) pues las distorsiones aumentan con rapidez mientras más nos apartemos de los paralelos de referencia.

• **Proyección cortada**: Tipo de proyección construida con varios paralelos base en lugar de uno solo. Cada uno de estos se centra sobre un continente conservándose la escala verdadera a lo largo de él y trazando a partir de ellos una parte de la proyección de forma lobulada. Los espacios vacíos se dejan de manera que coincidan con los océanos. Con este procedimiento se intenta reducir la deformación de conjunto, especialmente hacia los extremos, al mismo tiempo que se conservan las propiedades de equivalencia. Las proyecciones cortadas se usan especialmente en los mapas de distribución de productos. Ver: proyección de Molleweide, proyección de Sanson-Flamsteed y proyección homolográfica cortada de Goode.

• **Proyección de Aitoff**: Proyección afiláctica de contorno elíptico usada para planisferios. Es un tipo de proyección basada en la proyección cenital equidistante en la que el eje mayor, el ecuador, es el doble del meridiano central. Se parece a la proyección de Mollweide pero los paralelos, excepto el ecuador, y los meridianos, excepto el central, están curvados. Existe menos deformación en los extremos del mapa.

• **Proyección de armadillo de Raisz**: Proyección especial resultante de la visión en perspectiva de un sólido de forma inspirada en la del mamífero americano que le da nombre sobre el cual se le ha trazado previamente la red geográfica.

• **Proyección de Bartholomew**: Proyección equivalente de contorno elíptico y posición transversa u oblicua para representar planisferios.

• **Proyección de Behrmann**: Proyección cilíndrica equivalente con los paralelos 30 grados que se usan como referencia.

• **Proyección de Bonne**: Debe su nombre al francés R. Bonne (1727-1795), aunque consta su uso desde el año 1500. Proyección equivalente basada en los mismos principios que la proyección sinusoidal pero que en lugar de coger el ecuador como referencia parte de un paralelo de latitud media. El meridiano central seleccionado se divide en partes reales y se atraviesa por un paralelo base. Cada meridiano central y paralelo base se seleccionan lo más al centro que sea posible en relación con la superficie cartografiada. El paralelo base se traza siguiendo la fórmula habitual para las proyecciones cónicas. Todos los demás paralelos son concéntricos al paralelo base cuya función es puramente la de controlar su curvatura. Cada paralelo se divide en partes reales. Los otros meridianos son curvas trazadas a través de los puntos de división realizados en cada paralelo. Cada cuadrícula formada por la intersección de los paralelos y meridianos tiene su base y su altura a escala real y, por lo tanto, la proyección es equivalente, pero la escala y la deformación de la configuración aumentan rápidamente hacia el este y el oeste. Esta proyección se usa especialmente para los países de latitudes medias de forma compacta. Uno de los casos de la proyección de Bonne es la proyección de Sanson-Flamsteed cuyo paralelo base es el ecuador.

• **Proyección de círculo máximo**: Ver: proyección gnomónica.

• **Proyección de Eckert**: Cada una de las seis proyecciones pseudocilíndricas para planisferios con características y construcciones diferentes pero que tienen en común que la longitud de los polos se presenta como la mitad de la del ecuador. Su aspecto es muy parecido a la proyección de Mollweide siendo mejor porque la configuración de los continentes es correcta.

• **Proyección de Gauss-Krüger**: Proyección cilíndrica conforme del tipo transversal. Es una variante de la proyección de Mercator en la que el cilindro es tangente a la esfera terrestre, no a lo largo del ecuador, como sería lo normal, sino a lo largo de un meridiano, es decir, que se le ha dado un giro de 90 grados. El meridiano central se divide en partes de magnitud verdadera. Esta proyección se usa principalmente para mapas de sectores pequeños con las dimensiones principales orientadas de norte a sur. La escala de error aumenta al alejarse del meridiano central. En esta proyección las loxodromías son líneas curvas igual que en el tipo normal de proyección de Mercator. Se denomina también proyección conforme de Gauss.

• **Proyección de Hammer:** Proyección equivalente de contorno elíptico utilizado para los planisferios. Es una variante de la proyección cenital equivalente de Lambert al doblar la longitud horizontal de todos los paralelos a partir del meridiano central. Esto convierte la proyección de Lambert, de forma circular, en una elipse de aspecto parecido a la proyección de Mollweide pero con todos los paralelos curvos excepto el ecuador que es una línea recta.

- **Proyección de Lambert**: Ver: <u>Proyección cónica conforme</u>.
- **Proyección de Mercator**: Ver: <u>Proyección cilíndrica conforme</u>.
- **Proyección de Mercator-Sanson**: Ver: <u>Proyección cilíndrica conforme</u>.
- **Proyección de Mercator-Sanson-Flamsteed**: Ver: <u>Proyección sinusoidal</u>.
- **Proyección de Mollweide**: Creada por el alemán Karl Mollweide en 1805, aunque no se popularizó hasta 1857 por medio de Jacques Babinet. Por eso a veces figura como Proyección Babinet. Proyección pseudocilíndrica equivalente en la que el meridiano central, recto, tiene la mitad de longitud que el ecuador y el resto de los meridianos equidistantes sobre cada paralelo, son elípticos. Si el meridiano central son los 0 grados de longitud, el área delimitada por los paralelos 90 grados este y oeste representará un hemisferio con un radio igual a la mitad del meridiano central. Los paralelos se trazan como líneas rectas que se cortan en ángulo recto en el meridiano central. Cada paralelo dentro de cada hemisferio se divide en espacios iguales según la distancia entre meridianos y las mismas divisiones proporcionarán los puntos de intersección de los meridianos más al exterior. Entre los dos polos se trazan elipses a través de las intersecciones de los meridianos y paralelos. Esta proyección es equivalente ya que la distancia entre paralelos está calculada para que sea así. La escala lineal es real sólo a lo largo de los paralelos 40 grados y 40 minutos norte y sur aumentando hacia los polos y disminuyendo hacia el ecuador. Sinónimo: <u>Proyección homolográfica</u>. Nota: Puede hacerse discontinua con el objeto de aminorar la anamorfosis.

• **Proyección de Peters**: Publicada por Arno Peters en 1967, en realidad su sistema es idéntico a la proyección ortográfica que James Gall hizo publica en 1855. De ahí que debiera llamarse proyección Gall–Peters. Proyección cilíndrica equivalente con paralelos de 45 grados de referencia. Esta proyección pretender representar el mundo "en sus verdaderas dimensiones". Se ha hecho célebre por mostrar el verdadero tamaño de las naciones del hemisferio sur, el llamado Tercer Mundo, respecto a las de hemisferio norte o mundo desarrollado.

• **Proyección de Robinson**: La editorial de atlas Rand McNally encargó al profesor y cartógrafo Arthur H. Robinson un mapa que corrigiera las deformaciones sin recurrir a las interrupciones. Robinson diseñó una proyección pseudocilíndrica y equivalente. Creada en 1963 fue publicada formalmente en 1974 y se hizo muy popular tras el aprecio manifestado por la Nacional Geographic Society de los Estados Unidos, que llegó a convertirlo en mapa de referencia en 1988. Proyección pseudocilíndrica afiláctica para representar planisferios.

• **Proyección de Sanson-Flamsteed**: Ver: <u>Proyección sinusoidal</u>.

• **Proyección de Van der Grinten**: Proyección afiláctica de contorno circular para representar planisferios. Nota: Dado la gran anamorfosis que aparece cerca de los polos suele presentarse seccionada por el norte y por el sur.

• **Proyección directa**: Proyección cilíndrica en la que el eje norte-sur del globo coincide con el eje del cilindro. Sinónimo: <u>Proyección normal</u>.

• **Proyección discontinua**: Proyección a la que se le ha aplicado la estrategia de la discontinuidad.

• **Proyección Dymaxion**: Proyección matemática que permite obtener un mapamundi con una deformación despreciable de las dimensiones. La proyección se basa en una malla de círculos máximos mediante la cual se obtiene una división de la superficie terrestre en triángulos equiláteros en cuyos lados la escala es verdadera. Las coordenadas esféricas de los círculos máximos se transportan al plano mediante una transformación matemática compleja de R. Buckminster Fuller. Esta adaptación se lleva a cabo por la contracción interior de los datos más que por la extensión exterior que utilizan la mayoría de las demás proyecciones. Los triángulos pueden agruparse en un mosaico terrestre continuo de la forma que se desee de modo que se puede centrar la atención en cualquiera de las interrelaciones dinámicas de la superficie de la Tierra. Los radios de la proyección se mantienen perpendiculares a las superficies de transformación lo cual facilita el transporte exacto de los datos astronómicos al plano. Por esta razón la proyección es muy adecuada para formar mosaicos completos de fotografías aéreas así como para trazar automáticamente las trayectorias de cohetes y aviones a escala del globo terrestre y guiar el vuelo de estos vehículos.

• **Proyección ecuatorial**: Proyección acimutal centrada en un punto del ecuador.

• **Proyección equidistante**: Proyección que presenta la cualidad de mantener la escala invariable en determinadas direcciones ya sean perpendiculares a la línea de distorsión cero ya sean radiales desde el centro de proyección. Sinónimo: Proyección automecoica. Nota: Las direcciones son perpendiculares a la línea de distorsión cero en la cilíndrica equidistante, la sinusoidal y la cónica equidistante y radial desde el centro de proyección en la acimutal equidistante.

• **Proyección equirectangular**: Ver: Proyección cilíndrica equidistante.

• **Proyección equivalente**: Proyección que presenta la cualidad de la equivalencia. es un tipo de proyección en la que se respetan cuidadosamente las superficies a expensas de la forma y los ángulos reales con lo que hay una deformación considerable. En este grupo de proyecciones hay la proyección de Mollweide, proyección de Albers, proyección de Bonne, proyección cenital o acimutal equivalente y la proyección cilíndrica equivalente.

• **Proyección especial**: Proyección que no es auténticamente perspectiva.

• **Proyección estereográfica**: Es un sistema de proyección conocido ya en la antigüedad clásica. Proyección acimutal conforme que se obtiene proyectando el globo sobre un plano mediante un foco situado en las antípodas del punto de contacto del globo con el plano de proyección. Tanto los meridianos como los paralelos son círculos. La deformación aumenta simétricamente hacia el exterior a partir del punto central. Tiene una sola propiedad: todos los círculos en el globo aparecen como círculos en la proyección. Se usa en los mapamundis que se representan los dos hemisferios, en los mapas de estrellas y en los mapas geofísicos (ya que los problemas de trigonometría esférica planteados en él son fáciles de resolver). Puede realizarse en forma polar, ecuatorial y oblicua. Igual que en las proyecciones cenitales los círculos máximos que pasan por el centro son líneas rectas. La realización gráfica en su forma polar es muy fácil. El círculo meridiano se traza a escala con una línea tangente al polo y los ángulos se proyectan sobre la línea tangente a partir del lado opuesto al diámetro polar donde estas líneas cortan la tangente estarán los radios de cada uno de los paralelos. Los meridianos son líneas rectas que parten irradiando del centro. Nota: Es una proyección muy utilizada en las cartas de navegación. De esta proyección se deriva la proyección UPS.

• **Proyección estereográfica de Gall**: Tipo de proyección cilíndrica en la que el cilindro forma una intersección con el globo a 45 grados de latitud norte y sur. La escala es correcta a lo largo de estos paralelos mientras que entre ellos es demasiado pequeña y hacia los polos demasiado grande. Los paralelos son líneas rectas paralelas entre sí. Los meridianos son líneas verticales trazadas a través del ecuador que está dividido a escala real. Esta proyección no es equivalente ni ortomorfa pero exagera las áreas y la configuración de las altas latitudes menos que la proyección de Mercator.

• **Proyección estrellada**: Cualquiera de las proyecciones discontinuas de planisferios que adoptan forma de estrella.

• **Proyección globular**: Proyección afiláctica para mapamundis en los dos hemisferios. Es un tipo de proyección que presenta una deformación pequeña aunque no sea conforme ni equivalente. Los paralelos y los meridianos son líneas ligeramente curvas. Nota: Esta proyección fue diseñada por Nicolasi en el siglo XVII.

• **Proyección gnomónica**: Proyección acimutal que se obtiene proyectando el globo en un plano tangente mediante un foco que se sitúa en su centro. Se conoce principalmente en su forma polar que es la más fácil de realizar. Sinónimo: Proyección de círculo máximo. Nota: Esta proyección altera mucho los ángulos y las superficies cuando se aleja del centro de proyección y no permite representar en un solo centro ni tan siquiera un hemisferio. Pero resulta que es la única proyección existente que ofrece la característica de representar en forma de línea recta sobre el mapa cualquier arco de circunferencia máxima del globo por lo que es de gran utilidad para la navegación.

• **Proyección homológrafica**: Ver: Proyección de Mollweide.

• **Proyección homológrafica de Paul Goode**: Proyección de Mollweide a la que se le ha aplicado la estrategia de la discontinuidad. Los océanos están cortados para permitir que los continentes estén centrados en varios meridianos de manera que la deformación sea muy pequeña. Se usa mucho en los mapas de distribución de productos.

• **Proyección homolosena de Paul Goode**: La proyección homolosena de J.P. Goode fue publicada entre 1923 y 1925. Proyección equivalente discontinua que combina la proyección de Mollweide con la proyección sinusoidal. Esta proyección se reconoce fácilmente por sus interrupciones que fuerzan a representar dos veces partes de la Tierra como Groenlandia, Islandia o Asia Oriental. Cada continente se sitúa en el centro de la proyección, lo que da como resultado una mejor representación de sus contornos. Muy empleada para mapas temáticos.

• **Proyección isogonal**: Ver: Proyección conforme.

• **Proyección nórdica**: Tipo de proyección definida por J. Bartholomew como una proyección oblicua de superficie conservada, construida para representar lo más correctamente posible Europa y las vías de comunicación a través de los océanos Atlántico, Ártico e Índico. El eje mayor es un círculo máximo que pasaría por los 45 grados norte y el eje menor por el meridiano de Greenwich.

• **Proyección normal**: Ver: Proyección directa.

• **Proyección ortográfica**: Proyección acimutal que se obtiene proyectando ortogonalmente el globo sobre un plano tangente. La escala se conserva solo en el centro y la deformación aumenta rápidamente hacia el exterior. Se usa poco en la actualidad. Puede construirse en un plano polar, ecuatorial u oblicuo pero la superficie máxima que puede abarcar es un hemisferio. Nota: No es conforme, ni equivalente, ni equidistante. Presenta un aspecto tridimensional que hace que sea usada en figuras de ilustración del planeta y en la representación de la Luna.

• **Proyección ortomórfica**: Ver: <u>Proyección conforme</u>.

• **Proyección perspectiva**: Proyección que resulta de aplicar los principios de la geometría perspectiva o los de la óptica. Es un tipo de proyección cartográfica basado en la proyección geométrica desde un punto dado, el punto de perspectiva, a través de la superficie de un globo. En este grupo se incluyen la proyección acimutal o cenital, la proyección cónica y la proyección cilíndrica.

• **Proyección polar**: Proyección acimutal centrada en un polo.

• **Proyección policónica**: Proyección resultante de unir artificialmente diversas proyecciones cónicas. Es una proyección cónica en la que los paralelos son círculos no concéntricos cada uno de ellos trazado sobre su propio radio. El meridiano central es una línea recta de escala real. Todos los demás meridianos son curvos. La escala a lo largo de cada paralelo es correcta pero aumenta en los meridianos a medida que se alejan del del central. Es fácil de trazar empleando tablas que proporcionan las coordenadas de cada intersección paralelo-meridiano. La proyección no es ni equivalente ni conforme pero resulta conveniente para los mapas de gran extensión latitudinal.

• **Proyección policónica de Hassler**: Proyección policónica sin ninguna cualidad a excepción de mantener la escala en el meridiano central y en todos los paralelos.

• **Proyección poliédrica**: Cada una de las proyecciones basadas en la cobertura del globo mediante un poliedro esférico de caras planas. Es un tipo de proyección en la que un cuadrilátero de la esfera terrestre se proyecta sobre un plano trapezoidal. La escala se conserva tanto en el meridiano central como en los lados. Este tipo de proyección se usa especialmente para realizar mapas topográficos a gran escala.

• **Proyección pseudocilíndrica**: Proyección especial con paralelos representados por líneas rectas paralelas y meridianos curvados. Nota: Se consideran proyecciones pseudocilíndricas la proyección sinusoidal, la de Mollweide y las de Eckert.

• **Proyección sinusoidal**: A pesar de su denominación, su primera aparición no se debe a Sanson (ca. 1650) ni a Flamsteed (1729), sino más bien a Mercator. También se le denomina Mercator equivalente, obviamente porqué corrige los errores de ese sistema de proyección. Proyección equivalente con todos los paralelos automecoicos representados por rectas paralelas equidistantes. Proyección en la que el ecuador se toma como paralelo base y se traza como una línea recta a escala y el meridiano central se traza también como una línea recta a escala siendo justo la mitad del ecuador. Ambos se dividen a escala real. Los paralelos se trazan como líneas rectas a través de los puntos de división realizados en el meridiano central. Cada uno de ellos se traza en su longitud real y se divide a escala real. Los meridianos son curvas sinusoidales trazadas a través de los correspondientes puntos señalados en cada paralelo. Esta proyección se puede usar para los mapamundis pero las altas latitudes quedan excesivamente recortadas porque los meridianos son muy oblicuos respecto a los paralelos. Es útil para los mapas de los continentes boreales, especialmente cuando se hallan cerca del meridiano central ya que la forma entonces es correcta. esta proyección puede presentarse en la forma cortada y, a veces, se representa el sector correspondiente a los trópicos en la proyección homolográfica cortada de Goode y el resto en la de Mollweide. esta proyección es, de hecho, una forma de la proyección de Bonne en la que el ecuador es el paralelo base. Sinónimos: Proyección de Mercator-Sanson-Flamsteed, proyección de Sanson-Flamsteed. Nota: El meridiano central, recto, es igualmente automecoico. El resto de meridianos son cosinusoidales. Puede hacerse discontinua con tal de atenuar la anamorfosis.

• **Proyección transversal:** Proyección cilíndrica en la que el eje norte-sur del globo es perpendicular al eje del cilindro.

• **Proyección transversal conforme**: Ver: Proyección de Gauss-Krüger.

• **Proyección transversal de Mercator**: Ver: Proyección de Gauss-Krüger.

• **Proyección triple de Van Winkel**: Proyección afiláctica con meridianos elípticos y polos rectilíneos para planisferios. Es una proyección desarrollada a partir de la proyección cenital equivalente de Lambert. Usada para los mapamundis de climatología, vegetación y población debido a las cualidades de distribución que presenta.

• **Proyección universal polar estereográfica**: Proyección acimutal estereográfica utilizada para las zonas polares como complemento de la proyección UTM utilizada para cartografiar mapas topográficos de gran escala. Sinónimo: Proyección UPS.

Abreviatura: UPS. Nota: Toma como referencia los paralelos situados a 80 grados y 6 minutos norte y sur. cubre una zona que va de los 84 grados a los 90 grados norte y de los 80 grados a los 90 grados sur. La proyección tiene asociada un sistema propio de retícula plana que son las coordenadas UPS.

• **Proyección universal transversal de Mercator**: Fue desarrollada, entre otros por el gran matemático Carl Gauss (ca. 1822) y por Louis Krüger (ca. 1912). Por ello su denominación debería ser proyección de Gauss-Krüger. Proyección cilíndrica conforme transversal utilizada para cartografiar series topográficas de gran escala. Desde su adopción por el Ejército de los Estados Unidos en 1949 su popularidad no ha dejado de crecer. Es la base de los Mapa Topográficos Españoles desde 1970 y se emplea en navegación y en el sistema GPS. Sinónimo: Proyección UTM. Abreviatura: UTM. Nota: La cobertura del globo se realiza de forma fragmentada mediante 60 zonas en cada una de las cuales el cilindro queda secante al globo y centrado en un meridiano (de 6 grados en 6 grados y al meridiano 180 grados se le asigna la zona 1). Se toman como lineas de referencia dos círculos menores distantes entre ellos 360 kilómetros. Las zonas polares, desde los 84 grados norte y desde los 80 grados sur se resuelven mejor con la proyección UPS. La proyección tiene asociado un sistema propio de retícula plana: las coordenadas UTM.

• **Proyección UPS**: Ver: Proyección universal polar estereográfica.

• **Proyección UTM**: Ver: Proyección universal transversal de Mercator.

• **Proyección cartográfica**: Cualquier sistema utilizado para transformar la superficie del globo en un plano. Sinónimo:

<u>Proyección</u>. Nota: Solo algunas proyecciones son auténticas proyecciones perspectivas pero, por extensión, cualquier red de referencia con meridianos y paralelos sobre una superficie plana ya recibe esta denominación.

• **Pseudo-random code**: Ver: <u>Código pseudoaleatorio</u>.

• **Pseudoalcance**: Distancia hallada a partir de las señales de tiempo.

• **Pulgada**: Unidad de longitud utilizada en los países anglosajones equivalente a 1/36 de la yarda o a 1/12 del pie. Equivale a 25,40 milímetros. Sinónimo: in.

• **Punta de grabación**: Instrumento consistente en una aguja o una punta calibrada de acero, zafiro o diamante para trazar líneas sobre un soporte de grabado.

• **Punto**: Elemento gráfico mínimo utilizado para indicar la posición de un símbolo o como símbolo propio.

• **Punto de paso**: Una posición sobre la superficie de la Tierra a la que queremos ir o volver expresada en términos de latitud y longitud.

• **Punto de paso de resguardo**: Un punto de paso entrado en la memoria del <u>GPS</u> para indicar un lugar a evitar. Normalmente es un punto peligroso.

• **Punto topográfico**: Lugar de un territorio en el que se le han calculado las coordenadas utilizando un método topográfico.

• **Puntos cardinales**: Son los cuatro puntos principales de la <u>brújula</u>: norte, sur, este y oeste.

• **Puntos cuadrantes**: Son los puntos NE, SE, SW y SE de una <u>brújula</u>.

Q

Q

R

• **Radar**: Sensor activo que permite detectar, localizar o formar una imagen utilizando radiaciones electromagnéticas de alta frecuencia que se pueden reflejar y medir en un determinado espacio de tiempo.

• **Radián**: Unidad de medida angular. Equivale al ángulo formado por el arco de un círculo cuya longitud es igual a su radio (= 57,2958 grados).

• **Radiancia**: Total de energía radiada por una unidad de superficie y por un ángulo sólido de medida. Nota: Es un concepto fundamental de teledetección ya que describe precisamente aquello que mide un sensor remoto.

• **Radiómetro de microondas**: Sensor remoto que capta energía electromagnética de longitudes de onda comprendidas entre 1 mm y 1 metro.

• **Raster**: Superficie de pantalla de un tubo de rayos catódicos donde se forma la imagen.

• **Receptor diferencial**: Un aparato que recibe señales diferenciales de las estaciones costeras. Estas señales son comparadas con las recibidas desde el satélite y las correcciones consiguientes permiten eliminar en gran medida los efectos de la <u>disponibilidad selectiva</u>.

• **Red de localización**: Cuadrícula utilizada para localizar puntos en un mapa. Nota: La referencia de la localización puede hacerse mediante valores numéricos de las coordenadas geográficas o de una red plana, o bien, mediante cuadrados designados con números y letras.

- **Red de triangulación**: Conjunto de vértices geodésicos enlazados con medidas formando triángulos para la determinación de la superficie de un terreno.
- **Red geodésica**: Conjunto de vértices geodésicos o puntos geográficos enlazados con medidas formando triángulos para la determinación precisa de la superficie de la Tierra.
- **Red geográfica**: Red de líneas que en el campo de un mapa representan los meridianos y los paralelos.
- **Red Lambert**: Red plana utilizada especialmente para usos militares y que ha sido sustituida recientemente por la red UTM.
- **Red plana**: Sistema métrico de localización y de referencia cartográfica con coordenadas ortogonales que es independiente pero que está asociada a la proyección utilizada en un mapa.
- **Red UPS**: Red plana utilizada para las zonas polares asociada a la proyección UPS y complementaria a la red UTM.
- **Red UTM**: Red plana que abarca desde los 80 grados Sur hasta los 84 grados Norte asociada a la proyección UTM.
- **Reducción**: Copia que se realiza de un mapa o de un documento cartográfico originales a una escala inferior.
- **Registro**: Superposición correcta y ajustada de diferentes películas o tintas en la composición de un mapa.
- **Regla**: Instrumento largo y rígido de sección rectangular, de poco grosor y generalmente graduado que sirve para trazar líneas rectas con un lápiz, un tiralíneas, etc. y para medir distancias en un plano o dibujo.
- **Reglón**: Instrumento topográfico que se utiliza para medir terrenos consistente en un listón de 3, 4 o 5 metros de longitud con un nivel de burbuja incorporado con el objeto de garantizar la horizontalidad.

• **Resección**: Al ejecutar un levantamiento la posición de la estación observadora sobre el mapa puede ser fijada trazando visuales desde los puntos observados. Tres visuales se cortan formando un triángulo de error que en la medida que sea lo más pequeño posible se podrá fijar la posición con suficiente exactitud.

• **Resolución espacial**: Medida de la capacidad de un sensor remoto para discriminar un valor de información respecto de los adyacentes. Nota: Alta resolución significa una buena discriminación. Suele expresarse en líneas por milímetros o bien por las dimensiones del área de campo de visión instantánea.

• **Resolución espectral**: Zona del espectro electromagnético, expresada en frecuencias o longitudes de onda, que capta un sensor remoto determinado.

• **Resolución radiométrica**: Medida de la sensibilidad de un sensor remoto para detectar variaciones en la radiancia espectral que recibe. Sinónimo: Sensibilidad.

• **Resolución temporal**: Frecuencia con la que un sistema de teledetección obtiene informaciones de un mismo territorio.

• **Restitución fotogramétrica**: Ver Fotogrametría.

• **Restituidor fotogramétrico**: Aparato destinado a elaborar mapas a partir de pares estereoscópicos de fotografías aéreas. Sinónimo: Estereorestituidor.

• **Restituir fotogramétricamente**: Hacer una restitución fotogramétrica.

• **Retícula**: Red de líneas que sirven de referencia locacional cartográfica.

• **Retículo**: Conjunto de dos o más hilos cruzados con los que son equipados los instrumentos geodésicos y topográficos que

152

sirven para determinar alineaciones y ejecutar medidas de precisión

• **Rosa de los vientos**: Diagrama vectorial utilizado en meteorología y climatología para representar la intensidad y la frecuencia de los vientos de cada dirección o de otros elementos meteorológicos relacionados con la intensidad de los vientos. Sinónimo: <u>Diagrama</u> de los vientos.

• **Rosa de los vientos**: Croquis en forma de estrella que se utiliza para representar los nombres de los vientos según sea su dirección.

• **Rotulación**: Acción y efecto de <u>rotular</u>.

• **Rotulación inversa**: <u>Rotulación</u> clara sobre un fondo oscuro.

• **Rotular**: Poner los caracteres alfanuméricos en un mapa o en un dibujo.

• **Rueda de agrimensor**: Instrumento topográfico que sirve para medir distancias consistente en una rueda de un <u>metro</u> de circunferencia conectada a un cuentavueltas y guiada por un bastón que recorre la línea que se quiere medir. Sinónimo: <u>Rueda de Wittmann</u>.

• **Rueda de Wittmann**: Ver: <u>Rueda de agrimensor</u>.

• **Ruido**: Perturbación producida en la lectura de un documento cartográfico debido al exceso de información o de un tratamiento gráfico inadecuado.

• **Rumbo**: Ver: <u>Acimut magnético</u>.

• **Rumbo a seguir**: Es el rumbo recomendado para volver a la línea de rumbo.

• **Ruta**: Una secuencia de puntos de paso listo para usarse.

S

• **SA**: Ver: <u>Disponibilidad selectiva</u>.

• **Satélite artificial**: Vehículo equipado con diversos sensores remotos que se coloca en una órbita alrededor de un planeta. Nota: Según el tipo de órbita se denominan polares, geoestacionarios, heliosíncronos, etc.

• **Scroll**: Ver: <u>Desplazamiento de pantalla</u>.

• **Sección**: Dibujo que representa la estructura interna de un terreno, de un edificio o de un cuerpo cualquiera cortado según un plano imaginario generalmente vertical. Nota: A diferencia del perfil topográfico la sección muestra la parte cortada.

• **Sección cartográfica**: Colección de documentos cartográficos de una biblioteca.

• **Sección cartográfica**: Lugar de una biblioteca que sirve para guardar y consultar documentos cartográficos.

• **Segmento del globo**: Espacio limitado por un plano secante a un <u>globo</u> y la superficie de éste.

• **Semiología**: Estudio de los símbolos gráficos, de sus propiedades y de sus relaciones con los elementos de la información que expresan.

• **Sensibilidad**: Ver: <u>Resolución radiométrica</u>.

• **Sensor remoto**: Instrumento destinado a captar a distancia una parte de la energía emitida o reflejada por los objetos. Nota: Se denomina sensor remoto activo cuando él mismo constituye una fuente de energía que se refleja en el objeto como el radar; en caso contrario, se le denomina sensor remoto pasivo como la cámara fotográfica.

• **Serie cartográfica**: Conjunto de hojas de un <u>mapa</u> que tienen las mismas características de escala, dimensión, numeración, dibujo e impresión.

• **Serie de perfiles**: Dibujo constituido por la secuencia o superposición de diversos perfiles a la misma escala.

• **Servicio cartográfico**: Centro especializado, privado o público encargado de la planificación, la preparación o la edición de documentos cartográficos. Sinónimo: <u>Instituto cartográfico</u>.

• **Sextante**: Instrumento astronómico provisto de un limbo graduado que comprende un arco de 60 grados y de dos espejos, uno de los cuales se mueve solidariamente con una alidada mientras que el otro permanece fijo y que permite medir la altura de un astro desde un barco o de un avión.

• **Shaku kane**: Unidad de longitud japonesa equivalente a 0,303 metros aproximadamente.

• **Shu**: Unidad de longitud japonesa equivalente a 109,311 metros aproximadamente. 1 Shu = 60 Ken.

• **SIG**: Ver: <u>Sistema de información geográfica</u>.

• **Signatura espectral**: Valor cuantitativo de las propiedades de sensibilidad de un objeto o un sector del terreno según diversos intervalos de longitud de onda.

• **Signo cartográfico**: Ver: <u>Símbolo</u> cartográfico.

• <u>**Símbolo**</u>.

• **Símbolo arbitrario**: Símbolo cartográfico que no es ni convencional ni asociativo.

• **Símbolo asociativo**: Símbolo cartográfico que por medio de alguna variable visual recuerda o evoca el hecho o fenómeno representado.

• **Símbolo cartográfico**: Señal gráfico que por asociación, convención o explicación en la leyenda expresa un hecho o fenómeno sobre un mapa. Sinónimo complementario: Signo cartográfico. Nota: Los componentes que configuran el símbolo son las variables visuales: forma, color, valor, magnitud, etc. Aunque el signo tiene un sentido cartográfico más restringido que el símbolo se suelen utilizar ambos con cierta ambigüedad.

• **Símbolo convencional**: Símbolo cartográfico que tiene un significado establecido por convenio.

• **Símbolo de implantación lineal**: Símbolo cartográfico extendido y referido a un hecho o fenómeno de configuración lineal del territorio representado. Sinónimo complementario: Símbolo lineal.

• **Símbolo de implantación puntual:** Símbolo cartográfico que se sitúa en un punto concreto del territorio representado independientemente de su magnitud. Sinónimo complementario: Símbolo puntual.

• **Símbolo de implantación superficial**: Símbolo extendido y referido a una determinada área o zona del territorio representado. Sinónimo: Símbolo de implantación zonal. Sinónimos complementarios: Símbolo superficial y símbolo zonal.

• **Símbolo de implantación zonal**: Ver: Símbolo de implantación superficial.

• **Símbolo diagramático**: Diagrama utilizado como símbolo cartográfico.

• **Símbolo geométrico**: Símbolo cartográfico que tiene la forma de una figura geométrica.

• **Símbolo lineal**: Ver: Símbolo de implantación lineal.

• **Símbolo pictórico**: Dibujo figurativo utilizado como símbolo cartográfico.

• **Símbolo proporcional**: Símbolo cartográfico en el que sus dimensiones varían proporcionalmente con la importancia o magnitud del fenómeno representado.

• **Símbolo puntual**: Ver: <u>Símbolo de implantación puntual</u>.

• **Símbolo superficial**: Ver: <u>Símbolo de implantación superficial</u>.

• **Símbolo topográfico**: <u>Símbolo cartográfico</u> utilizado específicamente en los mapas topográficos.

• **Símbolo zonal**: Ver: <u>Símbolo de implantación zonal</u>.

• **Símbolos jerarquizados**: Símbolos cartográficos que mediante alguna variable visual expresan el rango de magnitud de los hechos o de los fenómenos representados.

• **Simbología**: Ver: <u>Leyenda</u>.

• **Sistema de información geográfica**: Conjunto de programas y de bases de datos informatizados que permiten almacenar, modificar y relacionar cualquier tipo de información espacial y estadística. Abreviadamente: <u>SIG</u>.

• **SIN**: Número de información de un satélite. Identifica a cada satélite cuando se está determinando su estado.

• **Sistema de posicionamiento global**: Sistema electrónico de localización geográfica de precisión basado en la triangulación con el soporte de los satélites artificiales que se aplica en los trabajos geodésicos, topográficos y de navegación. Abreviadamente: <u>GPS</u>.

• **Sistema de proyección cartográfica**: Es el elipsoide de revolución utilizado como base de los diferentes sistemas de proyección cartográfica. Es decir, las medidas de los diámetros de la Tierra (recordad que es achatada) que adoptamos como base de nuestro trabajo. Aunque se ha adoptado internacionalmente unas medidas generales en realidad nos encontraremos que cada plano o mapa ha sido realizado en un sistema de referencia diferente por lo que será lo primero que deberemos de mirar en un plano o mapa. Es un tema muy importante para ajustar los datos que nos ofrece nuestro <u>GPS</u>.

- **Sistema de referencia**: Ver Sistema de proyección cartográfica.
- **Situación sinóptica**: Conjunto típico de configuraciones isobáricas y de isohipsas que afecta una área concreta.
- **Situarse**: Obtener una posición en un mapa o carta como resultado de haber conseguido orientarse.
- **SKYLAB**: Laboratorio espacial que ha sido tripulado y que ha desarrollado programas de observación.
- **SLAR**: Radar aerotransportado de visión oblicua creado especialmente para formar imágenes. Nota: El SLAR (Side Looking Airbone Radar) ha mostrado una gran versalidad respecto a la fotografía aérea y en especial sobre las áreas tropicales.
- **Sobreimpresión temática**: Impresión de un mapa temático o una información temática sobre un mapa de base.
- **SOG**: Ver: Ground speed.
- **Solape**: Superposición parcial de dos fotografías aéreas o de dos documentos cartográficos contiguos.
- **Sombreada**: Ver: Sombreado.
- **Sombreado**: Método de representación del relieve mediante sombras con el objeto de producir un efecto tridimensional en un mapa. Nota: Normalmente se dibujan las sombras con un punto de luz procedente del noroeste.
- **Sombreado**: Que tiene sombras.
- **Sombreado oblicuo**: Método de representación del relieve mediante una iluminación oblicua.
- **Sombrear**: Poner sombras en un dibujo o mapa.
- **Soporte de dibujo**: Lámina fabricada con material de características adecuadas para que sirva de base al dibujo técnico o artístico. Nota: El papel que durante los últimos siglos ha sido el soporte habitual para el dibujo cartográfico cada vez

es más desplazado por los poliésters que tienen una mejor estabilidad dimensional.

• **Soporte de grabado**: Lámina de poliéster con una película actínicamente opaca adherida que puede ser esgrafiada mediante una punta de grabación o por procedimientos fotográficos.

• **SPOT**: Serie de satélites desarrollados por el CNES francés y en colaboración con Bélgica y Suecia para el estudio de los recursos terrestres. Nota: El primer satélite SPOT (Système Probatoire d'Observation de la Terre) fue lanzado en el año 1986 y el segundo en el 1990. Una de las novedades más destacadas de estos satélites es la incorporación de dos equipos de exploración conocidos con las siglas HRV (Haute Resolution Visible) que permitían obtener imágenes en dos modalidades pancromáticas y multibanda (verde, rojo e infrarrojo próximo) con una resolución de 10 y 20 metros respectivamente.

• **Standard positioning service**: Es la señal disponible para usos civiles (señal degradada).

• **Superficie de referencia**: Punto o nivel que se toma como base para realizar una medición constituyendo el nivel cero a partir del cual se determina la altura de las tierras y las profundidades del mar. Sinónimo: Plano de referencia.

• **SV**: Iniciales de satellite vehicle. Es una abreviatura para denominar a los satélites.

T

• **Tablero de dibujo**: Soporte, generalmente de dimensiones reducidas, que se hace servir cuando no se dispone de mesa de dibujo y que se usa para hacer croquis en los trabajos de campo.

• **Tablero digitalizador**: Periférico de entrada de información gráfica informatizada consistente en una mesa compuesta por una plancha plástica bajo la que hay una red sensora capaz de captar y transmitir al ordenador todos los movimientos de un cursor. Nota: Equivale, informáticamente hablando, a una mesa de dibujo.

• **Taquimetría**: Rama de la topografía que estudia las técnicas de levantamiento de planos mediante un taquímetro y, en general, de todos aquellos levantamientos en los que se midan distancias, alturas y ángulos.

• **Taquimétrico**: Relativo o perteneciente a un taquímetro o a la taquimetría.

• **Taquímetro**: Instrumento topográfico que sirve para medir rápidamente distancias, posiciones relativas y elevaciones de objetos distantes.

• **Teclas alfanuméricas**: Teclas que permiten al usuario entrar información en dos modos o bien como letras o bien como números.

• **Teclas blandas**: Habitualmente tienen una forma diferente o están hechas de diferente material y frecuentemente están situadas cerca de la pantalla con la función principal de hacer cambios importantes del menú.

• **Técnica cartográfica**: Cada una de las técnicas y de los procesos para la realización y reproducción de documentos cartográficos.

• **Técnica dasimétrica**: Método para elaborar mapas de densidad de población abandonando las unidades administrativas grandes con datos medios y utilizar hipótesis razonables para mostrar categorías reales sobre las que pueden realizarse estimaciones de densidad.

• **Tecnígrafo**: Instrumento consistente en dos reglas y un círculo graduado cogido con un brazo a la mesa de dibujo que se desplaza y permite trazar rectas según determinadas inclinaciones.

• **Teledetección**: Conjunto de técnicas que permiten obtener informaciones sobre la naturaleza y las propiedades de los objetos sin contacto físicos entre ellos, a distancia, mediante la captación y medida de las ondas electromagnéticas que emiten o reflejan los objetos tanto dentro del campo visible como en el de las bandas con longitud de onda más cortas o más largas. Sinónimo: Percepción remota.

• **Telémetro**: Instrumento óptico basado en el fenómeno del paralaje que sirve para determinar desde un punto de observación la distancia a la que se sitúa un objeto alejado.

• **Teodolito**: Instrumento geodésico y topográfico de precisión destinado a medir ángulos horizontales y verticales. Nota: Hay muchos tipos de teodolitos según la época de construcción y las marcas. Se componen de una base que se regula con tres tornillos nivelantes dispuesta sobre un trípode en la que se encasta un limbo horizontal y una alidada que gira sobre un eje vertical. La alidada lleva un visor estadimétrico que gira sobre un eje horizontal.

• **Termografía**: Ver: Termograma.

• **Termografía**: Sistema de sensibilización de emulsiones fotográficas especiales para radiaciones de baja frecuencia en la región de los rayos infrarrojos.

• **Termograma**: Gráfico obtenido mediante la termografía. Sinónimo: Termografía.

• **Textura**: Variable visual definida por la disposición de la trama o de los elementos que componen un símbolo. Sinónimo: Grano.

• **Thematic Mapper**: Sistema de barrido multiespectral utilizado en los satélites más recientes de la serie Landsat. Abreviadamente: TM. Nota: Dispone de seis canales de una resolución espacial de 30 metros y de un canal correspondiente al infrarrojo térmico de una resolución de 120 metros.

• **Tinta de proceso**: Tinta de impresión estándar usada en las tricromías y en las cuatricromías.

• **Tinta china**: Tinta de dibujo técnico de un negro intenso e indeleble hecha con un negro de humo y cola.

• **Tipografía**: Procedimiento de impresión con formas que contienen en relieve los tipos y grabados que después de tintados son aplicados a presión sobre el papel.

• **Tiralíneas**: Instrumento de dibujo técnico compuesto de un mango y dos lengüetas de acero que se pueden separar con un regulador y que se usa para trazar líneas con la tinta china. Nota: Existen tiralíneas dobles para el trazado de paralelas y tiralíneas locos que giran sobre el propio mango para poder trazar líneas curvas. Actualmente ya está en desuso.

• **TIROS**: Serie de satélites lanzados al espacio para captar información meteorológica. Nota: El primer TIROS fue puesto en órbita en el 1960. A partir del sexto ya se denominaron

NOAA.

- **TM**: Ver: Thematic Mapper.
- **Tono**: Propiedad que distingue un color de otro según su longitud de onda dominante. Ejemplo: rojo, azul, amarillo. Nota: A menudo se confunde el tono con el valor.
- **Topógrafa**: Femenino de topógrafo.
- **Topografía**: Técnica que tiene por objeto determinar la forma y las dimensiones de un terreno con el objeto de cartografiarlo. Nota: La topografía no tiene en cuenta la curvatura de la Tierra.
- **Topográfico**: Relativo o perteneciente a la topografía.
- **Topógrafo**: Especialista en topografía.
- **Toponimia**: Rama de la lingüística que estudia el nombre de los lugares.
- **Toponimia**: Conjunto de topónimos.
- **Toponímico**: Relativo o perteneciente a la toponimia.
- **Topónimo**: Nombre propio de un lugar o de cualquier hecho geográfico concreto.
- **Tornillo de nivelación**: Cada uno de los tornillos, por lo general tres, que llevan los aparatos topográficos y otros instrumentos destinados a ajustar el movimiento horizontal del visor o alidada en un plano perfectamente horizontal.
- **Trama**: Combinación de puntos, líneas o cualquier otro símbolo que forman una secuencia gráfica.
- **Transformador aerofotográfico**: Ver: Cámara clara.
- **Tránsito**: En topografía y astronomía, movimiento aparente de un astro sobre un meridiano.
- **Transliteración**: Traducción y escritura de un topónimo de un alfabeto a otro. Es un problema importante en la elaboración de los mapas.

• **Transportador**: Instrumento graduado en forma de círculo o de semicírculo utilizado para medir, transportar y dibujar ángulos.

• **Trazador**: Dispositivo que permite dibujar mapas y gráficos por desplazamiento de un punto simultáneamente a lo largo de dos ejes. Sinónimo: Ploter. Nota: Existe una gran diversidad de modelos de mesa, de tambor, con plumas, con cabezal óptico, electrostático, etc.

• **Triángulo de error**: Al buscar la posición de un punto sobre un plano por resección si las tres visuales se cortan son trazadas desde objetos conocidos se produce un triángulo de error.

• **Triángulo esférico**: Triángulo en la superficie de una esfera limitado por los arcos de tres círculos máximos. Una de las operaciones básicas en topografía geodésica consiste en hallar los triángulos esféricos por medio de la trigonometría esférica.

• **Triángulo isométrico**: Ver: Diagrama triangular.

• **Triángulos semejantes**: Método usado para reducir o ampliar de tamaño alguna parte de un mapa.

• **Triangulación**: Conjunto de operaciones geodésicas y topográficas destinadas a fijar sobre un terreno la posición de un cierto número de puntos que constituyen los vértices de una red de triángulos.

• **Triangulación fotográfica**: Ver: Aerotriangulación.

• **Tricromía**: Impresión realizada en los tres colores primarios por superposición de tres láminas con las tintas correspondientes a estos tres colores.

• **Trilateración**: Método para determinar las posiciones terrestres horizontales mediante la medida de los lados de un triángulo en lugar de medir los ángulos. Nota: En las trilateraciones se utilizan generalmente los instrumentos electrónicos para efectuar las medidas.

• **Triple decímetro**: Instrumento en forma de regla de unos 30 centímetros de longitud con lados biselados y dividido en centímetros y milímetros.

• **Trípode**: Soporte de tres pies generalmente articulados y a menudo plegables o telescópicos sobre el que se monta diversos aparatos ya sean geodésicos, topográficos o fotográficos.

• **TTFF**: Es la demora en minutos y segundos entre la puesta en marcha del aparato GPS y la obtención de una buena posición.

• **TTG**: Es el tiempo estimado desde la posición actual hasta el siguiente punto de paso.

U

- **Ultravioleta**: Banda espectral comprendida entre las longitudes de onda de los 100 ámstrongs y 0.40 micrómetros. Sinónimo: Banda del ultravioleta. Abreviadamente: UV.
- **UPS**: Ver: Proyección universal polar estereográfica.
- **UTC**: Es una versión ultraprecisa para determinar el tiempo GMT desarrollada por el sistema GPS.
- **UTM**: Abreviación de Universal Transversal Mercator. Es una proyección cilíndrica conforme transversal utilizada para cartografiar series topográficas de gran escala.
- **UV**: Ver: Ultravioleta.

V

- **Valor**: Variable visual definida por el impacto visual en relación con la reflectancia luminosa del signo ya sea en color, en gris o en una trama. Sinónimo: <u>Intensidad</u>.
- **Valor**: Componente del color definida por la luminosidad o sensación de claridad o de oscuridad que represente.
- **Vara**: Unidad de longitud antigua española equivalente a unos 0,836 metros aproximadamente.
- **Variable visual**: Conjunto de parámetros gráficos que definen el carácter de un símbolo. Nota: Las principales variables visuales quedan constituidas por la forma, el color, el valor, la magnitud, la orientación, la textura y la localización.
- **Vectorizador**: Programa informático que sirve para convertir en formato vectorial una información estructurada en formato ráster o de malla.
- **Vehículo**: Plataforma destinada a mantener un sensor remoto a cierta distancia de la superficie de la Tierra. Nota: Los vehículos más utilizados son los camiones con brazos telescópicos, los aviones, los balones estratosféricos y los satélites.
- **Velocidad de los satélites**: A todos los efectos prácticos los satélites del sistema <u>GPS</u> se mueven a 1,8 kilómetros por segundo.
- **Ventana**: Abertura practicada en una película actínicamente opaca (de las radiaciones luminosas, especialmente de las solares).
- **Ventana atmosférica**: Cada una de las porciones del espectro

electromagnético en el que la atmósfera ofrece poca atenuación a la radiación electromagnética.

• **Vernier**: Ver: <u>Nonio</u>.

• **Versta**: Unidad de longitud rusa equivalente a 1067 metros aproximadamente. 1 Versta = 500 Sajenas.

• **Vértice geodésico**: Punto del terreno al que se le han calculado las coordenadas geodésicas con una gran exactitud y donde se suele colocar una columna o un armazón metálico.

• **Vesana**: Unidad de superficie antigua de Catalunya equivalente a unos 2187 metros cuadrados aproximadamente.

• **Visibilidad**: Distancia que un observador puede ver y que depende de: su altura sobre el nivel del mar con la cual está relacionada la curvatura de la Tierra, la importancia de la zona oculta, la transparencia de la atmósfera y la hora del día o de la noche.

• **Visible**: Ver: <u>Banda visible</u>.

• **Visual**: Línea recta determinada por el ojo de un observador y el punto observado.

• **VMG**: Velocidad a la que nos acercamos a un punto de paso seleccionado.

• **VOG**: Ver: <u>Ground speed</u>.

• **Vuelo fotogramétrico**: Cobertura fotográfica sistemática destinada a la elaboración de mapas mediante la fotogrametría.

W

- **Waypoint**: Ver: <u>Punto de paso</u>.
- **Waypoint de proximidad**: Ver: <u>Punto de paso de resguardo</u>.

X

• **XTE**: Desvío transversal de rumbo. Representa la distancia perpendicular entre la posición actual y la línea de rumbo.

Y

• **Yarda**: Unidad inglesa de longitud que equivale a 0.9144 metros y que se divide en tres pies o en 36 pulgadas. Abreviatura: yd.

• **YD**: Ver: <u>Yarda</u>.

Z

• **Zona**: Cada uno de los 20 segmentos de 8 grados de latitud y 6 grados de longitud en los que se divide un huso de la red UTM.

• **Zona oculta**: Área invisible para un observador a causa de la configuración del terreno que se interpone entre ambos.

OTROS LIBROS DEL AUTOR

• Memoria descriptiva de cómo se hace un trabajo topográfico.

• Memoria descriptiva de cómo se miden las distancias.

• Memoria descriptiva de cómo se hace un mapa con un GPS.

• Memoria descriptiva de cómo se hace la digitalización automática de un mapa.

• Memoria descriptiva de cómo se hace un trabajo topográfico de replanteo.

• Memoria descriptiva de cómo se calcula un movimiento de tierras.

• Más información: http://www.hyparion.com/?page_id=868